KB119885

연고티비
공부법

필요할 때 골라 보는 연고대생 공부 꿀팁

위즈덤하우스

INTRODUCTION

2016년 '연고티비' 채널을 개설한 이래 지금까지 구독자들에게 정말 많은 질문을 받았습니다. 질문들을 보면서 느낀 것은, 많은 학생이 비슷한 고민들을 가지고 있다는 것이었습니다. 매번 같은 영상을 제작할 수는 없기에 비슷한 질문들에 다 대답해줄 수가 없다는 점이 항상 미안하고 아쉬웠습니다.

영상에서는 다 하지 못했던, 혹은 일일이 대답해주지 못했던 고민들에 대한 답을 이 책으로 대신하고 싶습니다. 여러분처럼 학창시절을 보낸 연고티비 크리에이터들의 경험과 노하우를 이 책에 모두 담았습니다. 물론 연고티비 크리에이터들이 전문적인 학습 코치는 아니기에 여러분들의 공부법을 진단하고 솔루션을 줄 수는 없습니다. 하지만 그렇기 때문에 여러분이 더욱 쉽게 참고하고 따라 할 수 있는 현실적인 조언과 정보들이 가득합니다. 또 크리에이터들이 실제 학창시절에 겪은 상황과 해결 방안을 진솔하게 담았기 때문에 매우 현실적이고 구체적인 상황들이 묘사되어 있습니다.

이 책은 단순히 '공부 잘하는 법'에 관한 책이 아닙니다. 공부와 학교생활에 관련해서 크리에이터들이 실제로 고민하고 실천해서 찾아낸 나름의 노하우를 담은 책입니다. 공부법 외에도 '어떠한 형태로든' 여러분들의 학교생활에 도움이 될 수 있는 팁으로 채웠기에 누구에게나 도움이 될 것입니다. 또 책의 가장 마지막 페이지에는 세세한 팁들을 백과사전처럼 정리해놓았으므로 여러분이 고민하는 팁만 빠르게 찾아서 확인할 수 있습니다.

공부나 학교생활에 관련해서 고민이 많은 것은 당연합니다. 누구나 처음 경험하는 일에는 서투르기 마련이고, 어떻게 하면 좋을지 고민이 된답니다. 그럴 때는 먼저 경험한 사람들에게 물어보는 게 어떨까요? 그들도 같은 고민을 했을 겁니다. 먼저 고민해보고, 경험해본 연고티비의 노하우가 여러분의 어려움을 해소하는 데 조금이라도 도움이 되었으면 좋겠습니다.

이 책을 활용하는 법

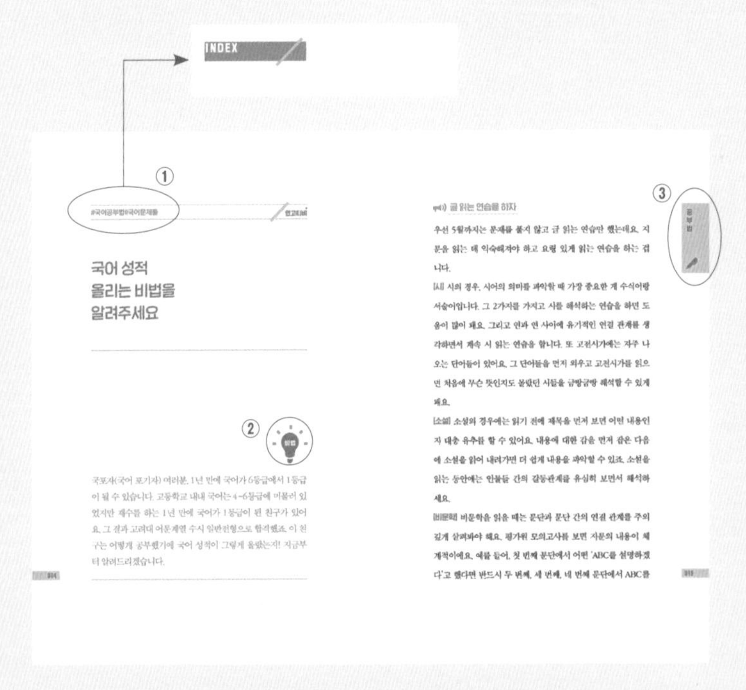
INDEX

①

국어 성적
올리는 비법을
알려주세요

②

국포자(국어 포기자) 여러분, 1년 만에 국어가 6등급에서 1등급이 될 수 있습니다. 고등학교 내내 국어는 4~6등급에 머물러 있었지만 재수를 하는 1년 만에 국어가 1등급이 된 친구가 있어요. 그 결과 고려대 어문계열 수시 일반전형으로 합격했죠. 이 친구는 어떻게 공부했기에 국어 성적이 그렇게 올랐는지! 지금부터 알려드리겠습니다.

③

글 읽는 연습을 하자

우선 5월까지는 문제를 풀지 않고 글 읽는 연습만 했는데요. 지문을 읽는 데 익숙해져야 하고 요령 있게 읽는 연습을 하는 겁니다.

[시] 시의 경우, 시어의 의미를 파악할 때 가장 중요한 게 수식어랑 서술어입니다. 그 2가지를 가지고 시를 해석하는 연습을 하면 도움이 많이 돼요. 그리고 연과 연 사이에 유기적인 연결 관계를 생각하면서 계속 시 읽는 연습을 합니다. 또 고전시가에는 자주 나오는 단어들이 있어요. 그 단어들을 먼저 외우고 고전시가를 읽으면 처음에 무슨 뜻인지도 몰랐던 시들을 금방금방 해석할 수 있게 돼요.

[소설] 소설의 경우에는 읽기 전에 제목을 먼저 보면 어떤 내용인지 대충 유추를 할 수 있어요. 내용에 대한 감을 먼저 잡은 다음에 소설을 읽어 내려가면 더 쉽게 내용을 파악할 수 있죠. 소설을 읽는 동안에는 인물들 간의 갈등관계를 유심히 보면서 해석하세요.

[비문학] 비문학을 읽을 때는 문단과 문단 간의 연결 관계를 주의 깊게 살펴봐야 해요. 평가원 모의고사를 보면 지문의 내용이 체계적이에요. 예를 들어, 첫 번째 문단에서 어떤 'ABC를 설명하겠다'고 했다면 반드시 두 번째, 세 번째, 네 번째 문단에서 ABC를

① 해시태그(#)는 이 장의 키워드입니다. 인덱스 페이지에 따로 정리해두었습니다.

② 각 장의 내용에 따라 비법, 조언, 정보로 표시해놓았습니다. 자신이 필요한 종류의 콘텐츠를 찾아볼 수 있습니다.

③ 목차에 따라 공부법, 학교생활과 멘탈 관리, 정시 대비법, 수시 대비법, 대학생활로 나뉘어 구분하기 쉽습니다.

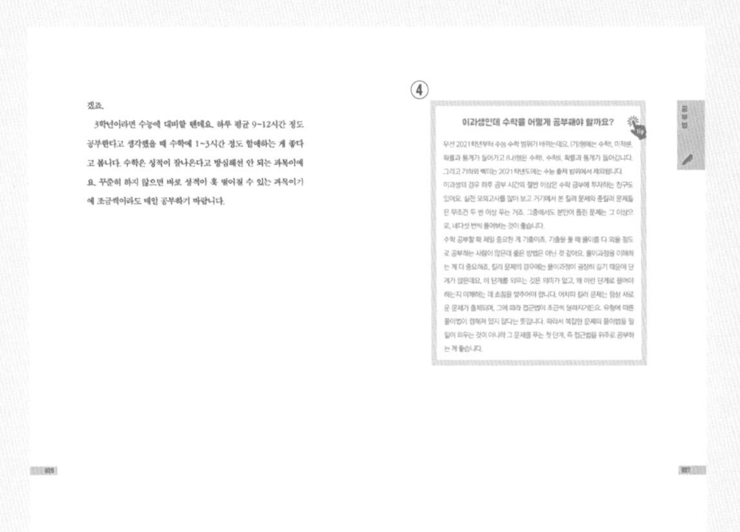

겠죠.

3학년이라면 수능에 대비할 텐데요. 하루 평균 9~12시간 정도 공부한다고 생각했을 때 수학에 1~3시간 정도 할애하는 게 좋다고 봅니다. 수학은 성적이 잘나온다고 방심해선 안 되는 과목이에요. 꾸준히 하지 않으면 바로 성적이 훅 떨어질 수 있는 과목이기에 조금씩이라도 매일 공부하기 바랍니다.

④

이과생인데 수학을 어떻게 공부해야 할까요?

우선 2021학년부터 수능 수학 범위가 바뀌는데요. (가)형에는 수학Ⅰ, 미적분, 확률과 통계가 들어가고 (나)형은 수학Ⅰ, 수학Ⅱ, 확률과 통계가 들어갑니다. 그리고 기하와 벡터는 2021학년도에는 수능 출제 범위에서 제외됩니다.

이과생의 경우 하루 공부 시간의 절반 이상은 수학 공부에 투자하는 친구도 있어요. 실전 모의고사를 많이 보고 거기에서 본 킬러 문제와 준킬러 문제들은 무조건 두 번 이상 푸는 거죠. 그중에서도 본인이 틀린 문제는 그 이상으로, 네다섯 번씩 풀어보는 것이 좋습니다.

수학 공부할 때 제일 중요한 게 기출이죠. 기출을 볼 때 풀이를 다 외울 정도로 공부하는 사람이 많은데 좋은 방법은 아닌 것 같아요. 풀이과정을 이해하는 게 더 중요하죠. 킬러 문제의 경우에는 풀이과정이 굉장히 길기 때문에 단계가 많은데요. 이 단계를 외우는 것은 의미가 없고, 왜 이런 단계로 풀어야 하는지 이해하는 데 초점을 맞추어야 합니다. 어차피 킬러 문제는 항상 새로운 문제가 출제되며, 그에 따라 접근법이 조금씩 달라지거든요. 유형에 따른 풀이법이 정해져 있지 않다는 뜻입니다. 따라서 복잡한 문제의 풀이법을 일일이 외우는 것이 아니라 그 문제를 푸는 첫 단계, 즉 접근법을 위주로 공부하는 게 좋습니다.

④ 본문에 다 담지 못한 추가 팁입니다. 하나라도 더 알려주고 싶은 선배들의 마음이랄까요. 꿀팁이 많으니 놓치지 마세요!

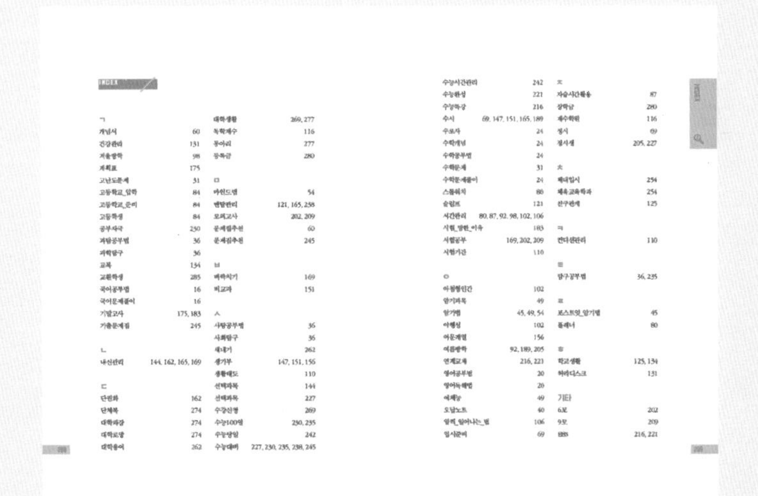

INDEX

⑤ 맨 뒷장 인덱스에는 본문의 키워드를 페이지별로 분류해놓았으므로 궁금한 내용을 찾아볼 수 있습니다.

CONTENTS

1장.

공부하는 방법을 모를 뿐이에요 [공부법]

2장

공부만 잘한다고 다가 아니잖아요 [생활과 멘탈 관리]

3장.

내신 챙겨서 수시로 갈 거예요 [수시 대비법]

4장.

정시로 대학 갈래요 [정시 대비법]

5장.

대학 가면 정말 이래요? [대학생활]

고려대학교, 연세대학교 총 21개 학과, 31명의 크리에이터가 연고티비와 함께했습니다.

고려대학교 경제학과	고려대학교 지리교육과	연세대학교 산업공학부
고려대학교 국어국문학과	고려대학교 중어중문학과	연세대학교 신소재공학부
고려대학교 미디어학부	고려대학교 체육교육과	연세대학교 아시아학부
고려대학교 사회학과	고려대학교 컴퓨터학과	연세대학교 언론홍보영상학부
고려대학교 식품자원경제학과	고려대학교 환경생태공학부	연세대학교 작곡과
고려대학교 영어영문학과	연세대학교 기계공학과	연세대학교 체육교육학과
고려대학교 자유전공학부	연세대학교 사회학과	연세대학교 창의기술경영학과

※일러두기: 크리에이터들은 입시 전문가는 아니기 때문에 경험에 기반해 주관적인 내용을 정리했습니다. 이 점에 유의해서 참고하고 취사선택하기 바랍니다.

공부하는 방법을 모를 뿐이에요

– 공부법 –

1장.

연고티비

국어 성적 올리는 비법을 알려주세요

국포자(국어 포기자) 여러분, 1년 만에 국어 6등급에서 1등급이 될 수 있습니다. 고등학교 내내 국어는 4~6등급에 머물러 있었지만 재수를 하는 1년 만에 국어가 1등급이 된 친구가 있어요. 그 결과 고려대 어문계열 수시 일반전형으로 합격했죠. 이 친구는 어떻게 공부했기에 국어 성적이 그렇게 올랐는지! 지금부터 알려드리겠습니다.

글 읽는 연습을 하자

우선 5월까지는 문제를 풀지 않고 글 읽는 연습만 했답니다. 지문을 읽는 데 익숙해져야 하기 때문이죠. 이에 더해 요령 있게 읽는 연습을 하는 겁니다.

[시] 시의 경우, 시어의 의미를 파악할 때 가장 중요한 게 수식어와 서술어입니다. 그 두 가지를 가지고 시를 해석하는 연습을 하면 도움이 많이 돼요. 그리고 연과 연 사이의 유기적인 연결 관계를 생각하면서 계속 시 읽는 연습을 합니다.

고전시가에는 자주 나오는 단어들이 있어요. 그 단어들을 먼저 외우고 고전시가를 읽으면 처음에 무슨 뜻인지도 몰랐던 시들을 금방금방 해석할 수 있게 돼요.

[소설] 소설의 경우에는 읽기 전에 제목을 먼저 보면 어떤 내용인지 대충 유추를 할 수 있어요. 내용에 대한 감을 먼저 잡은 다음에 소설을 읽어 내려가면 더 쉽게 내용을 파악할 수 있죠. 소설을 읽는 동안에는 인물들 간의 갈등관계를 유심히 보면서 해석하세요.

[비문학] 비문학을 읽을 때는 문단과 문단 간의 연결 관계를 주의 깊게 살펴봐야 해요. 평가원 모의고사를 보면 지문의 내용이 체계적이에요. 예를 들어, 첫 번째 문단에서 어떤 'ABC를 설명하겠다'고 했다면 반드시 두 번째, 세 번째, 네 번째 문단에서 ABC를

차례대로 설명해주거든요. 그런 구조를 이해한 뒤 글을 읽어서 정리하는 게 효과적입니다.

이제 문제풀이를 시작해볼까

이렇게 해서 문학과 비문학을 어느 정도 읽을 줄 알게 되었고 개념이 완성되었다면 문제풀이를 시작합니다. 처음엔 기출문제를 푸는 것이 좋습니다. 같은 기출을 2~3회 정도 반복해서 푸는 거죠. 이때 단순히 문제만 푸는 게 아니라 겹치는 유형은 따로 정리하고, 그 유형을 어떻게 수능시험장에서 풀어낼지 생각하면서 풀어요.

또한 출제자들이 어떤 부분에서 함정을 많이 파놓는지도 생각하면서 풀어요. 예를 들어서, 국어 문제를 풀 때 선지 5개가 있으면 5개가 다 헷갈리는 게 아니라 그중 2개가 헷갈리잖아요. 그런데 2개 중 한 개는 '전제' 자체를 틀리게 설정한 경우가 많아요. 그래서 선지 분석을 할 때 전제가 틀렸는지 맞는지도 생각해봐야 합니다.

오답정리가 중요하다

문제풀이보다 더 중요한 건 오답정리라고 생각해요. 문제를 푼 뒤에는 반드시 오답정리를 하세요. 오답정리를 할 때는 문제의 선지를 하나하나 분석해야 해요. 이 선지는 왜 정답이고, 이 선지는 왜 오답인지, 하나하나 지문이랑 연결해서 논리적으로 분석해보세요.

수능이 1년 남았다고 해서 포기하지 마세요. 아직 늦지 않았습니다. 지금까지 소개한 팁을 활용해서 1년을 알차게 공부해보세요.

영어 공부에서 중요한 건 뭔가요?

영어에서 가장 중요한 건 어법이라고 할 수 있습니다. 어법은 국어의 문법처럼 한번 잡아두면 끝까지 가져갈 수 있기 때문에 꼼꼼히 공부해두는 것이 좋습니다. 여러분도 알다시피 지문은 여러 문장으로 이루어지죠. 문장을 제대로 파악할 수 없다면 지문은 당연히 이해하기 힘들어집니다. 그렇기 때문에 어법을 공부한다는 것은 단순히 한 문장을 익히는 데 그치는 게 아니에요. 지문을 이해하고, 문제를 잘 풀기 위해 하는 공부인 것이죠.

문장 구조를 분석하자

어법을 공부하기 위해 가장 처음 할 일은 문장 구조를 분석하는 것입니다. 문장 구조를 분석하는 일이 잘되지 않는 친구들도 있죠? 그렇다면 우선 주어와 동사를 찾는 것에서부터 시작해보세요. 주어, 동사가 눈에 익으면 그다음부터는 부수적인 전치사, 수식어 등의 순서로 분석합니다.

어떤 문장을 봐도 바로바로 분석할 수 있게 준비해야 해요. 이렇게 연습을 하면 수능을 볼 때 엄청 어려운 지문이 나와도 문장별로 차근차근 분석하면서 조금씩 이해할 수 있게 됩니다.

지문을 해석할 때는 선생님이 가르쳐준 것으로 끝내지 말고 스스로 분석해보면서 읽어야 합니다. 그래야 쉽게 잊어버리지 않고 스스로 분석하는 능력을 키울 수 있어요.

긴 문장은 끊어서 해석하는 게 더 쉽습니다. 우선 주어와 동사를 찾고, 그다음에 부수적인 부분을 찾아 끊어 읽기를 하면 아무리 긴 문장이라도 효율적으로 외우고 공부할 수 있어요. 예를 들어, 다음과 같은 문장이 있다고 해보죠.

"In the less developed world, the percentage of the population involved in agriculture is declining, but at the same time, those remaining in agriculture are not benefiting from technological advances."

한 문장의 길이가 길고 중간 중간 콤마(,)가 많아서 딱 봐도 어려워 보이죠? 앞서 말했듯 이럴 땐 주어와 동사를 먼저 찾으세요. 이 문장에서는 'the percentage of the population'과 'those'가 주어구/주어, 'is declining'과 'are not benefiting'이 동사구죠. 그런데 한 문장에 주어와 동사가 2개씩이나 있네요. 이런 경우, 해당 문장은 접속사로 절이 연결되어 있는 구조라는 뜻입니다. 그럼 어떤 접속사가 사용되었는지 찾아서 두 절의 관계를 파악할 수 있겠죠.

이 문장에서 접속사는 'but'이므로 앞의 절과 뒤의 절이 역접의 관계를 가지는 것을 알 수 있습니다. 주어구/주어, 동사구, 접속사를 제외한 나머지 부수적인 부분들은 모두 괄호를 치면서 하나씩 차근차근 해석해나가세요. 주어와 동사에다 의미를 덧붙여나가는 거죠. 이렇게 하면 긴 문장을 빠르게 파악할 수 있습니다.

문법과 단어 공부는 이렇게!

문법 같은 경우에는 선생님들이 중요한 문법을 알려주잖아요. 그걸 꼭 기억해두고 모아서 정리해뒀다가 지문에 나오는 문장과 함께 공부하는 게 좋아요. 이런 데서 시험 문제가 나오기 때문이죠.

단어를 어떻게 공부해야 할지 고민하는 분도 있는데요. 어떤 단어책이든 상관이 없으니까 지금 바로 단어책 하나를 정해서 그것만 완독하는 것을 추천합니다. 여러 단어책을 보는 것보다 하나를 완벽하게 끝내는 게 훨씬 효율적이라고 생각합니다. 단어 때문에 고민인 분들은 단어 쪽에 비중을 많이 두고 하루 공부 계획을 짜면 좋을 것 같아요.

'수포자'를 구제할 수학공부법을 알려주세요

수학 포기한 분들! 여러분이 나쁜 게 아닙니다. 물론 수학이 나쁜 것도 아니고요. 여러분은 수학을 공부하는 방법을 모를 뿐이에요. 지금부터 알려드리는 방법으로 '수포자'에서 탈출하세요. 할 수 있어요!

개념은 무조건 탄탄히

우선 수학 개념을 탄탄히 다지는 게 중요합니다. 예를 들어, "평균값 정리와 사잇값 정리의 차이가 뭔지 알아?"라고 물으면 바로 줄줄 답할 수 있을 정도가 되어야 해요.

교과서나 개념서를 참고해서 수학 개념들을 읽어보세요. 그리고 모르거나 헷갈리는 개념은 개념노트를 만들어서 따로 적어놓고 꾸준히 보세요. 문제를 풀면서 모르는 개념이 있을 때, 혹은 공부하기 싫을 때 그 노트를 쭉 읽어보는 거죠.

읽으면서 모르는 것에는 형광펜으로 표시를 해두세요. 그러면 나중에는 표시해둔 것만 보면 되니 편리합니다. 특히 21, 29, 30번 같은 고난이도 문제는 어려운 개념이 아니라 여러 개념을 융합하고 응용해서 푸는 능력을 요구하거든요. 그러니까 개념을 완전히 이해하고 나서 유형 문제를 풀어보는 게 좋습니다.

수학의 개념을 잡는 또 하나의 방법! 수학 교과서의 목차를 다 외우는 방법입니다. 백지에 목차를 안 보고 적을 수 있을 정도로 외우는 거예요. 이렇게 하면 수학 개념들이 머릿속에 분류되어 정리되는 효과를 볼 수 있어요.

다양한 문제도 좋지만 한 문제를 반복

수백만 개의 문제를 풀었다고 해봅시다. 그중에 똑같은 문제가 시험에 나올까요? 어차피 실제 시험에서는 난생 처음 보는 문제가 나옵니다. 그렇기 때문에 무조건 많은 문제를 풀기보다는 하나의 문제를 여러 번 풀어봄으로써 문제에 접근하고 해결하는 능력을 기르는 게 더 큰 도움이 됩니다.

이때 유용한 공부법 하나를 추천할게요. 수학문제집 하나를 사서 푸는데, 문제 옆에 그 문제를 푼 횟수만큼 동그라미를 그리세요. 내가 맞힌 문제는 속을 색칠한 동그라미로 표시하고, 틀린 문제는 빈 동그라미로 표시해요. 만약 어떤 문제를 처음 풀었는데 틀렸다면 속이 찬 동그라미가 연속으로 두 번 나올 때까지, 즉 두 번 연속으로 맞힐 때까지 그 문제를 반복해서 푸세요. 이렇게 하면 오답노트를 따로 만들지 않아도 돼요. 그 문제집만 봐도 내가 어떤 문제를 많이 틀렸는지, 또 어떤 문제는 두 번 연속 맞히기까지 얼마나 걸렸는지 쉽게 파악할 수 있기 때문이죠.

주의할 점은, 절대 문제집에 풀이를 하면 안 된다는 거예요. 다음에 풀 때 문제 밑에 답이 쓰여 있으면 어떻게든 그 답에 맞춰서 풀이를 하게 되거든요. 그러니까 문제집에는 답을 쓰지 말고 내가 맞혔느냐 틀렸느냐만 표시해두세요. 그러면 다음에도 백지 상태에서 문제를 풀 수 있습니다.

모르는 문제라도 바로 답지를 보지 말자

수학문제를 풀다가 답을 모르겠으면 바로 답지를 보는 학생들이 있어요. 그렇게 하면 어떻게 문제를 해결해나갈지 스스로 고민하는 능력이 생기지 않습니다. 그러니 문제가 안 풀린다고 바로 답지를 보지 말고 좀 고민하는 시간을 가지세요. 단, 이 방법이 효과적이려면 개념 공부가 어느 정도 되어 있어야 합니다.

답지에 의존하지 말고 스스로 고민하는 훈련을 해봐야 해요. 그런 다음 자신의 답과 답지를 비교해보는 거죠. 문제를 맞혔다고 해도 헷갈리는 것은 체크를 해뒀다가 오답노트에 정리해두고, 그 문제들을 여러 번 다시 풀어봐서 자기 것으로 만들어야 합니다.

오답노트 정리하는 팁을 하나 드릴게요. 우선 질문을 쓰고 내가 어떻게 풀었는지 풀이과정을 최대한 자세하게 씁니다. 복습할 때는 이 문제를 다시 풀어보면 되는데요. 좀 쉬운 문제일 경우에는 한번 읽어보는 정도만 해도 됩니다.

이런 방법도 있어요. 평일에는 답지를 보지 않고 문제를 풀고, 주말에만 답지를 보는 방법인데요. 모르는 문제는 다른 시간, 다른 장소에서 한 번 더 시도해보는 거예요. 두세 번 정도는 더 혼자 풀어보려고 노력해보세요. 이렇게 하다 보면 도저히 모르던 문제인데도 답이 나올 때가 있어요. 그러면 스스로 해결했다는 뿌듯함도 생기고 문제 해결 능력을 키울 수 있습니다.

작은 실수도 그냥 넘어가지 말자

가령 암산이나 계산에서 실수해서 틀리는 경우가 있습니다. 이렇게 작은 실수라도 노트에 하나하나 적어가면서 공부하는 게 좋습니다. 예를 들어, '5 곱하기 8인데 5 더하기 8로 착각해서 13이라고 써서 틀렸다'라는 식으로 세세하게 적어놓는 거죠.

이렇게 정리해놓은 노트는 공부하기 싫을 때 한번씩 훑어보세요. 그러다 보면 '내가 곱하기를 더하기로 하는 실수를 많이 하네?' 하면서 자주 하는 실수가 보이기도 합니다. 그러면 곱하기 문제를 풀 때 더 주의하게 되겠죠. 이처럼 조그만 실수라도 노트에 적어놓고 해결하려는 노력을 하면 수학 점수가 크게 향상될 것입니다.

매일 꾸준히 공부하자

수학은 감을 잃지 않는 것이 정말 중요한 과목입니다. 그렇기 때문에 매일 꾸준히 공부해야 해요. 2학년 때까지는 내신 기간이 아닐 때는 수학 공부를 집중적으로 하고 나머지 시간에는 수행평가나 그날 배운 과목을 복습하는 것으로 계획하면 좋습니다. 이렇게 하면 내신 기간이 다가올 즈음엔 수학의 개념과 문제 유형에 대한 감이 어느 정도 잡혀 있을 거예요. 그러면 오답 정리와 고난이도 문제 풀이만 하루 할당량으로 정해놓고, 나머지 시간에는 암기과목이나 다른 과목에 더 비중을 둬서 공부할 수 있겠죠.

3학년이라면 수능에 대비할 텐데요. 하루 평균 9~12시간 정도 공부한다고 생각했을 때 수학에 1~3시간 정도 할애하는 게 좋다고 봅니다. 수학은 성적이 잘나온다고 방심해선 안 되는 과목이에요. 꾸준히 하지 않으면 바로 성적이 훅 떨어질 수 있는 과목이기에 조금씩이라도 매일 공부하기 바랍니다.

이과생인데 수학을 어떻게 공부해야 할까요?

tip

이과생의 경우 하루 공부 시간의 절반 이상은 수학 공부에 투자하는 친구도 있어요. 실전 모의고사를 많이 보고 거기에서 본 킬러 문제와 준킬러 문제들은 무조건 두 번 이상 푸는 거죠. 그중에서도 본인이 틀린 문제는 그 이상으로, 네다섯 번씩 풀어보는 것이 좋습니다.

수학 공부할 때 제일 중요한 게 기출이죠. 기출을 풀 때 풀이를 다 외울 정도로 공부하는 사람이 많은데 좋은 방법은 아닌 것 같아요. 풀이과정을 이해하는 게 더 중요합니다. 킬러 문제의 경우에는 풀이과정이 굉장히 길기 때문에 단계가 많은데요. 이 단계를 외우는 것은 의미가 없고, 왜 이런 단계로 풀어야 하는지 이해하는 데 초점을 맞추어야 합니다. 어차피 킬러 문제는 항상 새로운 문제가 출제되며, 그에 따라 접근법이 조금씩 달라지거든요. 유형에 따른 풀이법이 정해져 있지 않다는 뜻입니다. 따라서 복잡한 문제의 풀이법을 일일이 외우는 것이 아니라 그 문제를 푸는 첫 단계, 즉 접근법을 위주로 공부하는 게 좋습니다.

고난도 수학문제는 어떻게 접근해야 할까요?

우리를 너무 힘들게 하는 문제들이 있죠. 바로 21, 29, 30번과 같은 고난도 수학문제! 보기만 해도 긴장되는 이 아이들은 대체 어떻게 풀어야 할까요? 영리하게 접근하면 충분히 풀 수 있습니다. 이제부터 모의고사에서 21, 29, 30번 문제를 푸는 전략을 알아볼게요.

시간을 먼저 확보하자

본격적으로 고난도 문제를 풀기 전에 풀이를 시도해볼 수 있는 시간을 먼저 확보해야 해요. 쉬운 문제들을 30~40분 이내에 풀어서 어려운 문제를 풀 시간을 확보해놓는 거죠. 2, 3점짜리 쉬운 문제들은 모두 17문제 정도 되는데요. 그 문제들을 17분 안에 푸는 연습을 평소에 해놓으면 좋습니다. 매주 모의고사 문제집을 사서 2, 3점짜리 문제만 동그라미를 해놓고 시간을 재면서 17분 안에 푸는 거예요.

사소한 문제도 공식 없이 하나하나 계산하려면 시간이 꽤 오래 걸려요. 그러니까 이차함수의 축이라든지, 삼차함수의 변곡점이라든지, 이런 간단한 공식들은 다 외워두면 좋아요. 제일 자주 보는 문제집 표지에 그런 공식들을 정리한 포스트잇을 붙여두는 것도 방법입니다. 항상 공부를 시작하기 전에 그 공식들을 한번 보고 시작하니까 빨리 외울 수 있을 거예요.

문제를 확실히 이해하자

21, 29, 30번 문제는 문제 자체가 이해하기 힘들게 생겼죠? 그러니까 문제를 여러 번 읽어봐서 풀기 전에 문제를 확실히 이해해야 해요. 문제에서 정보를 하나라도 빼놓으면 그 문제를 푸는 과정이 완전히 달라질 수도 있기 때문에 문제를 정확히 이해하고

첫 단추를 바르게 끼우는 게 중요해요.

이과 수학의 경우 도형에서는 도형을 어떻게 이용하느냐가 굉장히 중요한데 이때 보조선을 잘 이용해야 해요. 보조선을 엉뚱한 데 그어놓으면 빙빙 돌아서 풀게 되기 때문이죠. 문제를 많이 풀어보면서 어디에 보조선을 그어야 하는지 빠르고 바르게 이해하는 게 중요합니다.

또한 킬러 문제 안에는 여러 가지 개념이 들어가 있어요. 그러니 어떤 개념을 이용해서 어떤 과정으로 넘어가야 다음 식으로 진행할 수 있는지, 기출문제를 풀면서 자주 나오는 풀이과정을 미리 연습해야 합니다. 평가원 문제에도 다 트렌드가 있거든요. 특히 그 해의 6월, 9월 평가원에 주목해야 합니다. 6월, 9월 모의고사를 본 뒤에는 오답노트를 만들어서 수능 전까지 여러 번 풀어보세요.

시간이 걸려도 일일이 풀어보자

평가원 문제는 문제가 세련됐다고 해서 풀이도 세련된 건 아닙니다. 하나하나 다 해봐야 하는 문제도 많아요. 그런 부분은 아예 안 건드리려고 하는 학생도 많은데요. 사실 21번이나 29번 문제 중에 한 문제는 이런 유형이 나오는 경우가 많습니다. 규칙을 찾는 문제라 해도 규칙을 찾기 위해서는 직접 다 대입해봐야 하는 거죠. 수식이나 그래프로 해결할 수 없을 때는 하나하나 해보면서 풀어보는 게 중요합니다.

이런 문제를 만나면 그냥 답지를 보고 '아, 다 해봐야 하는 거구나' 하고 넘어가는 친구들이 있어요. 그러지 말고 내 손으로 직접 해보고 넘어가세요. 1시간이 걸려도 직접 해봐야 나중에 그런 문제가 나왔을 때 최대한 빨리 푸는 방식을 습득할 수 있거든요. 그리고 풀이하는 과정에서 중요한 부분은 눈에 띄게 표시를 해두세요.

킬러 문제는 시간이 걸리는 문제이기 때문에 평소 시간이 있을 때 투자해놓는 게 좋아요. 스스로 한번 고민해보는 건 정말 중요한 과정이기 때문에 30분이 넘어간다고 해서 포기하지 마세요.

비슷한 문제를 떠올려보자

문제 유형이 매번 바뀌는 것 같아도 비슷한 흐름으로 풀리는 경우가 많습니다. 그러니까 그동안 내가 풀어봤던 문제를 떠올려보고 비슷한 문제가 있었나 생각해보세요. 그리고 비슷한 방법으로 풀면 풀리는 경우가 많아요. 수능 전에 21, 29, 30번만 모아놓은 문제집을 많이 풀어보면 좋습니다. 문제를 풀다 보면 풀이과정이 다 달라 보이지만 결국 비슷한 방식으로 푸는 문제들이 있다는 걸 발견할 수 있어요. 그러니 문제를 많이 풀어보면서 흐름을 파악해보세요.

마지막으로 팁을 하나 더 드릴게요. 21, 29, 30번 문제의 답을 보면 30, 296, 이런 식으로 정수로 나오거든요. 그런데 복잡한 분수가 나오면 답이 아닐 수 있으니 다시 검산해보는 게 좋은 것 같아요. 물론 100% 틀렸다고 확신할 수 없기 때문에 다 지우진 말고 풀이를 다시 검토해보세요.

수학 역시 시간 투자를 많이 하면 성적은 오릅니다. 그러니까 지금 안 된다고 포기하지 말고 일단 시간을 많이 들여서 공부를 열심히 해보세요. 수학은 노력에 비례하는 과목이에요. 그만큼 노력하면 좋은 결과를 얻을 수 있을 것입니다.

탐구 과목은 어떻게 공부하죠?

국어, 영어, 수학에 비해 탐구 과목을 소홀히 하기 쉬운데요. 높은 성적을 목표로 한다면 탐구도 무척 중요합니다. 탐구 과목을 공략하는 팁을 드릴게요.

탐구는 늦게 시작해도 점수를 올릴 수 있다

[이과생-과학탐구] 국어, 수학, 영어에 비하면 과학탐구는 늦게 시작해도 점수를 올리기 쉬운 과목이라고 볼 수 있습니다. 일단 수능에서 출제되는 범위도 과탐이 국어, 영어, 수학에 비해 적거든요. 또 국/영/수를 잘하려면 기본기를 탄탄히 쌓아야 하기 때문에 공부할 양이 더 많다고 볼 수 있죠. 하지만 상대적으로 공부할 양이 적다는 것이지 과탐이 그리 만만한 과목은 아닙니다. 그러니 안정적으로 1등급을 받기 위해서는 적어도 6개월 이상은 잡고 과탐을 공부하는 것을 추천합니다.

[문과생-사회탐구] 사탐의 경우 시간이 부족하다면 비슷한 과목의 조합을 선택하면 좀 더 효율적으로 공부할 수 있어요. 예를 들어, 생활과 윤리와 사회문화를 같이 공부한다거나 동아시아사와 세계사를 같이 공부하는 거죠. 이처럼 개념이 겹치거나 문제 유형이 비슷한 과목들을 함께 공부하면 시간을 절약하는 데 도움이 됩니다. 특히 생활과 윤리와 사회문화는 매년 응시자 1~2위를 기록하는 과목인데요. 이 두 과목을 택해서 1등급을 받는 학생들이 많은 편이고 암기량이 다른 과목들에 비해 적어서 인기가 많죠. 따라서 시간이 절대적으로 부족하다면 '생활과 윤리+사회문화' 조합을 추천합니다.

탐구 과목의 중요성을 잊지 말자

과학탐구는 수능에서 차지하는 비중이 엄청 큽니다. 과학탐구 과목 2개의 가치는 수학과 거의 동일하고, 수학보다 오히려 큰 경우도 있거든요. 특히 자연계는 국어, 영어, 수학 중에서 국어와 영어의 반영 비율이 상대적으로 낮고 수학의 비율이 높아요. 이런 점까지 생각했을 때 과학탐구가 차지하는 비중은 엄청 크다고 할 수 있죠. 또 대학별로 탐구에 가산점을 주는 학교도 있는 걸 보면 탐구 과목은 매우 중요하다는 것을 알 수 있습니다.

사회탐구의 경우에는 등급 컷이 거의 한 문제 단위로 나뉩니다. 그렇기 때문에 1~2등급을 목표로 한다면 난이도에 따라 만점을 받거나 1~2개 정도 틀려야 해요. 정시생뿐만 아니라 수시생의 경우에도 수능 최저를 맞추기 위해서는 사탐에서 높은 등급을 받는 것이 중요합니다.

역사 과목 공부법을 알려주세요

역사 공부에서 가장 중요한 건 원인, 과정 그리고 결과입니다. 이 세 가지가 중요한 건 거의 대부분의 사회탐구 과목에 해당되는 거예요. 그런데 교과서는 정치, 사회, 경제 분야를 파트별로 나눠서 설명하다 보니까 시간 순으로 되어 있지 않아서 헷갈릴 수 있어요.

그렇다면 파트별로 되어 있는 걸 모두 시간 순서대로 쭉 나열해보세요. 사건들은 서로가 서로의 원인이 되고 결과가 됩니다. 모든 사건을 시간 순으로 나열한 뒤에 원인과 결과를 표시하고, 그 과정에서 어떤 일이 일어났는지, 그 사건 때문에 어떤 파급효과가 문화나 사회 전반적으로 퍼져나갔는지 한꺼번에 정리해보세요. 이렇게 하면 교과서를 읽는 게 아니라 하나의 이야기를 읽는 것처럼 이해할 수 있어서 효과적입니다.

그런데 교과서를 잘 읽다 보면 중간에 뭔가 편집된 느낌을 받을 때가 있어요. 이처럼 교과서에 없는 내용은 다른 책을 통해 알아내봅시다. 물론 시험에는 안 나오니까 따로 표시해놓아요. 시험에 안 나오는데 왜 찾아보냐고요? 시험에 안 나오더라도 생기부에 넣을 수 있으니까요. 보충자료를 얻어놓으면 전체 흐름을 이해할 수 있어 시험에 도움이 될 뿐 아니라 수시를 준비하는 데도 도움이 됩니다.

오답노트는 언제 어떻게 작성하나요?

여러분, 문제는 틀릴 수 있어요. 하지만 같은 문제, 비슷한 문제를 두 번 틀려선 안 되겠죠. 한 번 틀린 문제나 헷갈렸던 문제 혹은 개념을 확실히 짚고 넘어가기 위해 오답노트를 만드는 거예요. 특히 수능에서는 하나의 개념(주제)에 대해 나올 수 있는 모든 문제를 자기 것으로 만들어야 합니다. 수능 당일에는 같은 주제라도 전에 보지 못했던 유형의 문제나 선지가 나올 수 있는데요. 이런 일에 대비하기 위해 내가 한 번이라도 틀렸거나 어려웠던 개념(주제)이 있다면, 그 내용을 모두 알 때까지 공부해야 해요. 이때 내가 틀린 문제들을 정리해놓은 노트가 있으면 큰 도움이 됩니다.

오답노트는 무조건 빨리 시작하는 게 좋다

오답노트를 작성하는 시기는 빠를수록 좋습니다. 중3이든 고3이든 일찍 만들기 시작해서 습관을 들여놓는 것이 유리해요.

중요한 것은 모의고사든 내신이든 문제집이든 문제를 풀고 채점하자마자 바로 오답노트를 작성하는 것입니다. 그래야 문제를 풀면서 내가 힘들었던 부분이나 문제의 포인트를 생생하게 기록할 수 있기 때문이죠. 맞혔던 문제라도 어려웠거나 헷갈렸던 부분, 푸는 데 오래 걸린 지점이 있다면 오답노트에 기록하는 것이 좋아요.

문제를 푼 뒤 얼마 되지 않았을 때 기억이 가장 생생하기 때문에 문제를 풀고 채점한 뒤에 바로 오답노트를 만드세요. 늦어도 문제를 풀고 채점한 당일 밤까지는 정리하는 것을 추천합니다.

모든 과목에 다 만들면 베스트

과목에 상관없이 오답노트를 만드는 것이 좋습니다. 다만 물리적인 시간이 부족하다면 자신이 못하는 과목들 위주로 작성할 수 있습니다. 특히 수학과 탐구 과목 혹은 영어의 문법 문제와 같이 '개념'이 중요한 과목들은 반드시 오답노트를 만들기 바랍니다.

틀린 문제에 대해 네 가지를 체크하자

어떤 한 문제를 틀렸다고 해보죠. 그러면 오답노트에는 그 문제에 대해 네 가지를 정리해두는 것이 좋습니다. ① 문제 자체, ② 그 문제의 주요 개념, ③ 내가 이 문제를 틀린 이유, ④ 내가 잘 몰랐던 개념, 이렇게 네 가지를 정리하세요.

오답노트를 만드는 목적은 같은 문제를 다시 틀리지 않고, 더 나아가 본인의 약점을 찾아 기록해두는 것입니다. 이 목적에 부합하도록 자기만의 방식으로 오답노트를 만들면 됩니다.

탐구 과목에서는 (ㄱ), (ㄴ), (ㄷ)의 선지를 주고, 그중 맞는 것 혹은 틀린 것을 고르는 문제가 많이 나오는데요. 그 선지를 똑같이 노트에 옮겨 적고 선지 끝에 O, X를 적어서 맞은 선지인지 틀린 선지인지 체크해두는 것도 좋아요. 또 심도 있는 공부를 하고 싶은 학생들이라면 (ㄱ), (ㄴ), (ㄷ), 각 선지의 문장이 어떻게 변형되어서 출제될 수 있을지 본인이 예상해서 작성해보세요. 이렇게 하면 해당 개념에 대한 이해도를 더욱 높일 수 있습니다.

자기만의 주기로 오답노트를 복습하자

이렇게 만든 오답노트는 자기만의 주기를 만들어서, 그 주기에 맞춰 복습하는 것이 좋습니다. 예를 들어, 모의고사, 수능 같은 중요한 시험을 보기 일주일 전에 오답노트를 보는 식으로 말이죠. 자기만의 복습 시기를 만들어서 주기적으로 자신의 약점을 체크하고 부족한 개념을 복습하는 데 오답노트를 활용해보세요.

오답노트 작성의 예

※ 오답노트를 어떻게 만들어야 할지 모르겠다면 다음 형식을 참고해서 작성해보세요.

시험 일시		시험 이름	
과목		관련 단원	

1. 틀린 문제/헷갈린 문제/찍어서 맞힌 문제

(문제를 그대로 옮겨 적으세요.)

2. 정답 및 바른 풀이과정

(정답과 풀이하는 방법을 자세히 적습니다. 선지가 있다면 선지를 옮겨 적고 각 선지가 틀린지 맞는지 표시해두세요.)

3. 문제의 주요 개념은?

(이 문제를 풀기 위해 필요한 주요 개념을 정리하세요.)

4. 내가 이 문제를 틀린 이유는?

(실수하거나 착각한 이유를 떠올려서 적어두세요.)

5. 내가 잘 몰랐던 개념은?

(이 문제에 사용된 개념 중 몰랐거나 헷갈린 개념이 있다면 적어두세요.)

암기 잘하는 비법 없을까요?

영어단어나 사회탐구에서 아무리 봐도 안 외워지는 개념이 있습니다. 그 외의 과목에서도 암기를 해야 하는데 계속 잊어버리거나 자주 실수하는 부분이 있죠. 어떻게 하면 이런 부분을 효율적으로 암기할 수 있을까요? 유용한 암기법을 알려드리겠습니다.

외울 내용을 포스트잇에 써 붙이자

유용한 암기법이란 바로 포스트잇 암기법을 활용하는 건데요. 영어단어의 예를 들어볼까요? 단어를 외우다 보면 특히 잘 외워지지 않는 단어들이 있을 거예요. 그럴 땐 포스트잇 하나에 단어를 3~4개씩 적어서 책상 앞에 붙입니다. 그리고 그걸 계속 보는 거죠. 공부하다가 그냥 고개를 들었을 때 바로 보이게 붙여놓으면 돼요. 공부하다가 가끔 딴생각할 때 있잖아요. 그럴 때 딴생각하지 말고 포스트잇을 보세요. 화장실 갈 때도, 다시 책상에 앉을 때도, 앉고 일어나는 매순간 포스트잇을 보는 겁니다.

이렇게 반복해서 보면 어느 순간 다 외웠을 거예요. 다 외운 단어는 컴퓨터 사인펜으로 전혀 안 보이게 지우세요. 포스트잇에 써놓았던 단어들을 다 지웠을 때 비로소 포스트잇을 떼서 버리는 겁니다. 포스트잇을 뗄 때 쾌감이 엄청나요! '이만큼이 내 머릿속에 들어왔구나' 하는 생각이 들면서 굉장히 뿌듯하고 성취감도 느낄 수 있어요.

중요한 건 사인펜으로 지우거나 포스트잇을 버릴 때는 이 단어를 다시 보지 않아도 될 만큼 '완전히 내 것이 되었구나'라고 느낄 때여야 해요. 이 원칙만 잘 지키면 효과적으로 암기할 수 있을 것입니다.

의식적으로 자꾸 보려고 노력하자

주의사항! 포스트잇을 붙이다 보면 책상 주변의 벽을 다 포스트잇으로 도배하게 될 거예요. 그런데 포스트잇이 너무 많이 붙어 있으면 자칫 그저 벽처럼 느껴질 수 있어요. 마치 벽지나 책상의 무늬처럼 익숙해지는 거죠.

그렇게 인식되지 않도록 처음에는 의식적으로 포스트잇을 외우려는 마음을 가지고 눈으로 확인해야 합니다. 초반에는 의식해서 보면서 점점 습관으로 만드는 거예요. 공부하다가 딴생각을 하려고 고개를 들었을 때 눈앞에 포스트잇이 보이면 거기에 쓰인 단어를 외우려고 노력하세요. 그렇게 하다 보면 딴생각을 하는 시간도 많이 줄어들어요. 딴생각하려다가도 정신을 차리게 되니까 공부 시간을 낭비하는 일이 줄어들겠죠.

포스트잇을 한 번 붙이고 떼는 기간은 외우려는 것에 따라 다르고, 사람에 따라서도 다릅니다. 그날 썼다가 다음 날 바로 떼는 경우도 있을 수 있고, 수능 전날까지 포스트잇이 붙어 있을 수도 있어요. 끝까지 포기하지 말고 외우려고 노력하는 것이 중요합니다.

암기가 너무 싫은 사람에게 추천!

이 방법은 이런 사람에게 추천해요. 같은 실수를 반복하는 사람, 암기에 대해 부담감이 있는 사람, 또 손으로 쓰면서 외우기보다 눈으로 반복해서 봐야 외워지는 사람. 눈으로 반복해서 보면 머릿속에 더 잘 들어온다는 사람이 있는데, 이런 사람에게 좋겠죠.

실수를 하면 '뭐 실수니까, 다음에는 안 그러면 되지'라고 생각하고 쉽게 넘기는 친구들이 많아요. 그런데 그렇게 해서는 실수를 고치기가 어렵습니다. 실수를 고치려는 구체적인 노력이 필요하죠. 이 방법이 본인한테 맞는다고 생각하는 친구들은 포스트잇 암기법을 이용해 실수를 고치고 암기하는 데도 많은 도움을 받을 수 있을 거예요. 잘 활용해서 공부를 좀 더 효율적으로 할 수 있길 바랍니다.

시험 3일 남았는데 예체능 과목은 포기할까요?

내신 기간에 가장 힘든 게 암기과목이죠. 음악, 미술, 체육 혹은 한자 같은 과목은 공부하기 싫다고 안 하는 친구들도 있어요. 그런데 이런 과목이야말로 단기간에 내신 등급을 올릴 수 있는 효자 과목이거든요. 그러니까 시험 보기 3일 전에라도 하는 걸 추천해요. 일단 공통적으로 암기 과목을 공부하는 방법에는 세 가지가 있어요.

1. 교과서를 소리 내어 정독하자

눈으로만 읽는 것보다는 소리 내서 읽으면 청력까지 자극하면서 내용을 더 효과적으로 머릿속에 넣을 수 있어요. 처음에 교과서를 정독할 때는 다 외워야겠다는 생각은 하지 마세요. 그냥 한번씩 눈으로 쭉 보고 입으로 읽으면서 끝까지 보겠다는 생각으로 하면 됩니다.

2. 누군가에게 설명을 하자

누군가에게 설명한다고 생각하고 교과서를 보는 거예요. 집에 있는 강아지한테 설명해도 좋아요. 처음에는 교과서를 보면서 한 줄 한 줄 설명을 하세요. 설명을 한 번만 하는 게 아니라 여러 번 하다 보면 점점 익숙해져요. 이렇게 반복하다 보면 나중에는 교과서의 첫 단락만 봐도 나머지 내용까지 설명할 수 있을 정도가 됩니다. 그러면 이미 암기가 되었다는 증거예요. 누군가에게 설명을 하려면 어떤 일이 일어난 원인과 결과를 숙지하고 있어야 하기 때문에 내용을 훨씬 더 잘 이해할 수 있고 빠르게 암기할 수 있습니다.

3. 노래를 만들어 외우자

가령 음악에서 '음악의 아버지는 바흐다, 음악의 어머니는 헨델

이다'라는 내용을 외워야 한다고 해봅시다. 같은 시험 범위에 있는 노래인 〈라쿠카라차〉에 이 내용을 넣어서 함께 외우면 효과적이겠죠. 또 교과서에 있는 내용은 외우기 지루하고 힘들지만 좋아하는 아이돌의 노랫가사는 머릿속에 엄청 잘 들어오잖아요? 지루한 내용을 좋아하는 노래의 가사로 바꿔서 불러보세요. 머릿속에 더 쏙쏙 박힐 거예요.

더 구체적인 과목별 암기 요령

이제 암기 과목별로 더 자세히 설명해보겠습니다.

[한자] 한자는 정말 한 자, 한 자 외우는 게 중요해요. 한자에 이야기를 만들어 외우면 효과적입니다. 예를 들어, '거문고 금(琴)' 자를 보면 '이제 금(今)' 자가 아래에 있고 '임금 왕(王)' 자가 2개 있잖아요. 그러면 '임금님 두 명이 이제 그만 거문고를 켜라고 하네' 하는 식으로 이야기를 만들어서 외우는 거죠.

그런데 이런 방법으로도 외워지지 않는 어려운 한자도 참 많아요. 정 외워지지 않는 한자는 시험 직전까지 보고 있다가 시험지를 받자마자 시험지 귀퉁이에 써놓으세요. 이 방법은 모든 과목에 적용할 수 있어요. 예를 들어, 수학에서 정말 안 외워지거나 헷갈리는 공식이 있다면 시험 시작하자마자 적어둬요. 또 사탐이나 과탐에 어려운 표나 신기한 공식 같은 게 많잖아요. 그런 것도 시험 직전까지 보고 있다가 시험지를 받자마자 한쪽 끝에 써두세요.

[음악, 미술, 체육, 기계가정] 전체적으로 세 번 정도 공부를 하면 됩니다. 우선 첫째는 수업 시간에 귀 기울여 듣는 거예요. 이런 과목들을 따로 공부하기엔 시간이 아깝잖아요. 그러니까 수업을 열심히 들으면 따로 시간 내지 않아도 한 번은 공부하는 거예요. 게다가 수업에서 선생님이 힌트를 줄 때가 많으니까 꼭 집중해서 들으세요. 두 번째 공부는 교과서를 한 번 정독하는 거예요. 그런 다음 이 과목들은 미뤄뒀다가 시험 전날에 암기를 하세요.

이런 과목들은 실기를 떠올리면서 오감을 사용해서 외우면 더 효과적이에요. 예를 들어, 레슬링에 대해 공부한다고 하면 동생한테 가서 기술을 한번 걸어보세요. 평영이 뭔지, 자유형이 뭔지도 몸을 써서 흉내내보세요. 다양한 감각을 사용하면 더 기억에 잘 남을 거예요.

끝까지 묵묵하게!

암기할 때 주의할 건 전 범위를 끝까지 공부하는 거예요. 수학이나 영어 같은 과목들은 기본기가 있으면 공부를 안 해도 풀 수 있는 문제가 있을 수도 있어요. 하지만 암기 과목들은 공부를 하지 않으면 풀 수 있는 문제가 전혀 없어요. 그러니까 일단 끝까지 공부하는 게 중요합니다.

간혹 암기과목을 공부한다고 밤새는 친구들이 있는데 아무리 시험기간이라도 2시간 30분 이상은 자는 게 좋습니다. 어떤 연구 결과에 따르면 사람은 잠을 자기 직전에 공부한 게 가장 기억에 남는다고 해요. 그러니까 급하다고 밤새지 말고 조금이라도 자는 것을 추천합니다.

사실 암기를 빨리 하는 꼼수 같은 건 존재하지 않아요. 암기 과목의 점수는 결국 여러분이 얼마나 많은 노력과 시간을 투자했느냐에 달려 있거든요. 그러니까 포기하지 말고 끝까지 열심히 해봅시다.

마인드맵 암기법이 뭔가요?

마인드맵이란 가장 기본적인 개념을 바탕으로, 연관된 여러 세부적인 개념을 연결 고리로 하나씩 연결해가면서 개념의 영역을 넓히는 공부법입니다. 어렵다고요? 그냥 말 그대로 마음에 지도를 그리는 거예요. 더 어렵다고요? 보통 우리는 줄글 형식으로 된 교과서를 보잖아요. 줄글로 된 교과서를 계속 읽다 보면 지루해지기도 하고 눈에 잘 들어오지 않죠. 이걸 도형과 선을 이용해 그림으로 나타내는 거예요. (마인드맵 = 도형 + 선 = 그림)

더 이해하기 쉽도록 지금부터 마인드맵 암기법에 대해 차근차근 알아보겠습니다.

내용을 시각화해 한눈에 쏙!

먼저 마인드맵 암기법을 사용하면 뭐가 좋을까요? 가장 큰 장점은 내용을 시각화할 수 있다는 거예요. 도형과 선으로 나타내다 보니까 한눈에 이해하기 쉽고 효율적으로 암기할 수 있거든요. 또 연관된 개념을 하나의 스토리로 정리해서 한눈에 볼 수 있습니다. 예를 들어, 내가 A라는 개념을 배웠는데 B라는 개념이 생각이 안 난다고 해보죠. 그러면 B라는 개념을 다시 찾는 데 시간이 걸리잖아요. 이때 마인드맵으로 정리해놓았다면 연관된 개념을 바로 찾을 수 있고 한 번에 이해가 되기 때문에 암기하는 시간을 줄일 수 있습니다.

또 하나! 마인드맵을 한 번 그려놓으면 단권화도 쉬워집니다. 단권화란 공부할 내용을 책이나 노트 한 권에 다 정리하는 것인데요. 마인드맵이야말로 많은 내용을 하나의 틀로 정리하는 것이기 때문에 단권화를 하기에 좋습니다. 큰 틀을 짜놨으니까 추가되는 세부적인 개념은 그 틀 안에 조금씩 넣으면 되거든요.

어떻게 그릴지 막막하면 교과서 목차를 참고하자

그럼 마인드맵은 어떻게 그리는 걸까요? 우선 마인드맵이라는 것에는 정답이 없어요. 여러분이 범위를 마음대로 정할 수 있다는 뜻입니다. 그런데 어떤 걸 기초로 잡아야 하는지, 또 어떤 걸

가지로 잡아 그려야 하는지 막막할 수 있어요. 그럴 때는 교과서 목차를 보면 도움이 됩니다. 교과서 목차를 보고 그 과목 전체 범위를 정리할 수 있겠죠. 혹은 어느 한 단원의 개념 하나하나를 마인드맵으로 정리할 수도 있어요. 예를 들어, '사회 일탈 현상'에 대한 이론을 정리한다고 해보죠. 그러면 가운데 원에 '사회 일탈 현상'이라고 적고 그걸 기초로 연관된 개념들을 정리해가는 거예요.

두 방법을 합치는 것도 좋아요. 개념 하나하나를 다 마인드맵을 작성해서 그 개념들을 다 이해했다면, 이번에는 목차를 한 페이지에 다 정리해서 교과서 내용을 한눈에 파악할 수 있게 하는 거죠. 이처럼 여러분이 원하는 범위를 마인드맵으로 그리면 됩니다.

그리는 방법은 정말 간단해요. 동그라미를 그려서 그 안에 큰 주제를 쓰고 동그라미에서 파생된 갈래를 그려요. 그 갈래에 맞게 선과 원을 이용해서 자유롭게 그리면 됩니다.

예를 들어, 한국지리를 마인드맵으로 그려보죠. 일단 가운데에 해안 지형이 모두 드러나 있는 그림을 딱 하나 붙여요. 그다음에 그 지형을 하나하나에서 가지를 빼서 지형의 이름을 쓰고 발생 원인을 써요. 또 이 지역의 특징은 무엇인지도 정리해요. 이렇게 하나하나 연결해가는 겁니다.

한국지리 마인드맵의 예

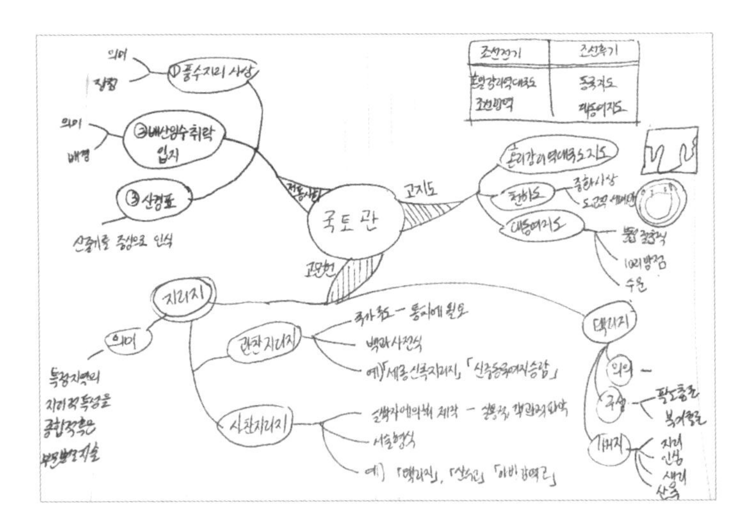

①풍수지리 사상
②배산임수 취락 입지
③산경표
산줄기를 중심으로 인식
전통사상
국토 관
고지도
고문헌
조선전기
조선후기
동국지도
대동여지도
천하도
중화사상
대동여지도
10리 방점
지리지
의미
특정지역의 지리적 특성을 종합적 혹은 부문별로 기술
관찬 지리지
국가 주도 - 통치에 필요
백과사전식
예) 「세종실록지리지」, 「신증동국여지승람」
사찬지리지
서술형식
예) 「택리지」, 「산수고」, 「아방강역고」
택리지
의의
구성
팔도총론
복거총론
가거지
지리
인심
생리
산수

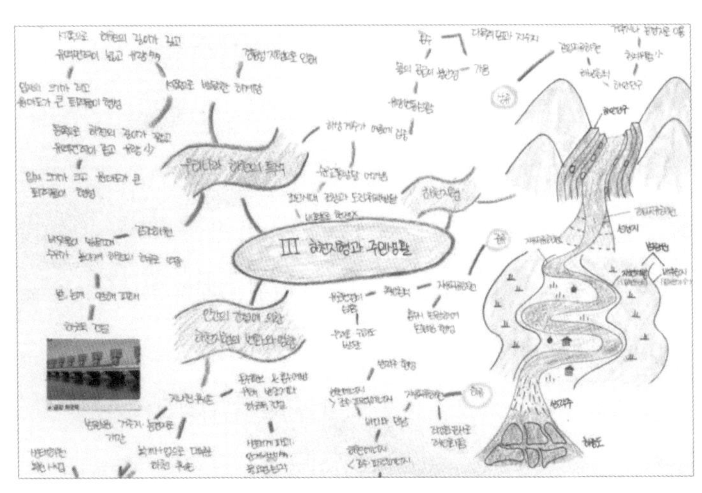

Ⅲ 하천지형과 주민생활
우리나라 하천의 특색

어떤 과목에도 유용하다

마인드맵 암기법은 어떤 과목에든 모두 적용할 수 있어요. 개념, 특징, (혹시 있다면) 예외적인 상황, 이 세 가지를 꼭 적어주면 됩니다. 그 외에는 여러분이 중요하다고 생각하는 내용을 적으면 되고, 별로 중요하지 않다고 생각하면 안 쓰면 됩니다. 간단하죠?

마인드맵은 모든 과목에 적용할 수 있지만 특히 유용한 과목은 있어요. 가장 유용한 과목은 바로 사회탐구(한국사, 한국지리, 사회문화 등)입니다. 마인드맵이 아무래도 암기에 유용하다 보니까 개념이 많고 이해를 바탕으로 암기해야 하는 사회탐구에 도움이 많이 돼요.

또 사회탐구는 여러 단원을 아우르는 문제가 많아요. 예를 들어, 문제 자체는 6단원에 속하는데 선지를 보면 다른 단원의 내용까지 섞여 있는 경우가 많죠. 이럴 때 마인드맵을 하지 않고 단원별로 끊어서 외웠다면 단원 간에 연결하기가 쉽지 않을 수 있어요. 개념을 다 아는데 왜 문제가 안 풀릴까 하는 고민을 한다면 원인은 바로 여기에 있습니다. 단원 간의 연결을 너무 무시하고 있지는 않은가요? 이 점을 명심하고 마인드맵으로 공부하면 고득점 문제도 금방 맞힐 수 있을 것입니다. 주로 이런 문제는 3점짜리거든요.

사탐 외에 수학 같은 과목에도 마인드맵을 이용할 수 있어요. 수학의 각 개념을 진주 한 알이라고 생각하면, 문제풀이는 그 진주들을 다 이해한 뒤 줄로 엮는 것이에요. 마인드맵 가운데에 그냥 '수학'이라고 써놓고 '집합', '함수', 이런 식으로 모든 단원을 쓰세요. 그런 다음 각 단원에 필요한 개념을 써놓는 거예요. 그러면 단원 간의 연결성을 한눈에 볼 수 있어요.

마인드맵은 지루한 걸 싫어하고 조금 더 재미있게 공부하고 싶은 친구들에게 추천하고 싶어요. 나 스스로 정리하는 것이기 때문에 그리는 것 자체가 재미있거든요. 교과서에 반항심이 생기는 친구도 있죠? 교과서 글씨체도 꼴 보기 싫은 친구, 줄글 읽는 게 너무너무 지루한 친구에게 추천합니다. 또는 단원 간에 연결이 잘 안 돼서 여러 단원을 섞은 문제에서 오답률이 높은 친구들에게 추천합니다.

마인드맵을 끝내면 교과서 전체를 마스터했다는 느낌이 들 것입니다. 단원 순서가 괜히 정해져 있는 게 아니에요. 단원별로 나뉘어 있던 내용을 하나의 스토리로 이해하게 되면 교과서 전체를 훑은 것이기 때문에 시험 범위가 어떻든 자신 있게 대비할 수 있겠죠.

기초를 탄탄히 할 수 있는 문제집을 추천해주세요

새 학기가 시작되면 문제집을 많이 사죠. 국어, 영어, 수학의 개념을 잡기 좋은 문제집들을 알아보겠습니다. 저희가 직접 사용했던 문제집으로 주관적인 기준에 따라 추천해드리니 참고해주세요.

국어: 모든 것 시리즈(꿈을담는틀)

이 책의 좋은 점은 교과서에서 다루는 거의 모든 작품을 분석해 놓았다는 거예요. 그래서 마치 백과사전처럼 문학 작품들을 필요할 때마다 찾아볼 수 있다는 특징이 있어요. 시라면 한 줄 한 줄마다 이게 어떤 의미인지, 좀 긴 글이라면 문단마다 어떤 내용인지 정리를 잘해놓아서 효율적으로 학습할 수 있어요. 또 문학 작품당 필수 문제가 몇 개 나와 있어서 작품 하나 보고 문제 몇 개 풀어보고 하면서 복습까지 할 수 있습니다.

단점도 있는데요. 특히 문학은 한 작품에 대해 여러 해석이 존재할 수 있거든요. 이 작품이 문제의 어떤 부분에 어떻게 등장했느냐에 따라 의미가 아주 달라져요. 그렇기 때문에 너무 이 책의 한 가지 해석만 맹신하고 의존하지 않도록 주의해야 합니다.

국어: 떠먹는 국어문법(쏠티북스)

이 책은 서울대 국어교육과 학생들이 만든 거예요. 공부한 경험이 많은 사람들이 만들어서인지 개념이 세세하게 잘 설명되어 있고, 앞에 쓰여 있던 개념에서 혹시 빠뜨릴 수 있는 부분을 단원 총정리에서도 깔끔하게 정리해줘서 공부하기 편리합니다. 반복 정리를 통해 꼼꼼하게 개념 공부를 할 수 있고 어려운 문법을 체계적이고 효율적으로 설명해놓았어요.

또 설명이 학생들한테 말을 건네는 듯한 구어체로 되어 있어서 친근한 이야기책 같기도 해요. 그런데 알록달록한 표지와는 달리 내지는 단조로워서 지루할 수도 있을 것 같아요. 이보다 더 치명적인 단점은 답지가 문제 옆에 배치되어 있다는 점이에요. 물론 답지를 안 잃어버린다는 장점은 있지만 답지를 보게 될 가능성이 농후합니다. 그렇지만 개념 설명 하나는 끝내주는 문제집입니다. 문제 자체의 질도 굉장히 좋고 친절하고 세세하게 설명해주기 때문에 문법을 처음 접하는 학생들에게 좋은 입문서가 될 것 같습니다.

수학: 수학의 샘(아름다운샘)

수학의 개념서라고 하면 『수학의 정석』을 많이들 떠올리죠. 그런데 그 책은 설명이 좀 딱딱하잖아요. 이 책은 말풍선으로 귀엽게 설명이 되어 있기도 하고 선생님 캐릭터가 그려져 있을 때도 있어요. 이처럼 아기자기하게 설명되어 있어서 좀 더 재미있게 공부할 수 있어요.

또한 단계별로 나뉘어 있어서 기본적인 문제부터 어려운 문제까지 풀어보면서 심화 학습을 할 수 있습니다. 개념서 한 권으로 수학의 모든 것을 다 해낼 수 있는 거죠. 또 답지에 해설이 친절하게 되어 있어서 문제를 안 풀고 답지만 봐도 다 이해할 수 있을 정도예요.

수학: 수학의 바이블(이투스북)

이 책은 개념 설명이 잘되어 있어서 수학을 처음 접하는 친구들이 개념을 잡을 때, 그리고 예습을 할 때 용이합니다. 다만 단점이 하나 있는데요. 본 책과 답지를 따로 구매해야 합니다.

수학: 일품 수학(좋은책신사고)

이 문제집의 난이도는 시중에 나와 있는 고등학교 수학 문제집 중에 가장 어려운 문제집보다 살짝 아래에 있다고 생각하면 됩니다. 문제가 난이도에 따라 단계별로 구분되어 있지만 첫 번째 단계도 쉽지 않습니다. 너무 쉬운 문제들을 푸는 데 시간을 투자하면 그 시간마저 아까울 때가 있죠. 그럴 때 '하드코어'로 문제 풀기에 좋습니다.

결국 너무 어렵다는 점이 이 책의 장점이자 단점이라고 할 수 있겠네요. 문제를 다 못 풀 수도 있고 시간이 많이 걸릴 수도 있습니다. 그렇지만 여러분만 못 푸는 게 아닙니다. 그러니까 너무 걱정하지 말고 이걸 통해서 실력을 쌓는다는 느낌으로 공부했으면 좋겠어요. 3학년 때는 기출을 위주로 풀어야 하니까 고 1, 2 학생들 중에 실력이 어느 정도 다져진 친구, 혹은 학교 시험이 상당히 어렵게 나오는 친구에게 추천합니다.

수학: 쎈(좋은책신사고)

이 문제집은 모든 학생이 한 권쯤 갖고 있을 텐데요. 이 책은 개념 다잡기, 유형 뽀개기, 실력 굳히기, 이렇게 세 단계로 나뉘어 있어 실력에 따라 학습할 수 있습니다. 개념 다잡기에는 '쎈 노트'라고 해서 중요한 개념들을 따로 골라서 적어놓았어요. 유형 뽀개기에는 유형과 문제가 아주 많아서 내가 어떤 유형에 부족한지 잘 파악할 수 있어요. 문제가 많아서 풀기 싫을 수도 있지만 시험을 부수고 싶다면 꼭 풀어봐야 할 것 같아요. 문제는 막 어렵지는 않고 중상 정도의 난이도입니다. 내신이든 모의고사든 완벽히 연습하고 싶은 학생들에게 추천합니다.

영어: Word Expert(넥서스에듀)

영어는 가장 기본적인 게 어휘라서 단어장을 하나 추천해드립니다. 이 책의 앞부분에는 그렇게 어려운 난이도의 단어가 들어 있진 않아요. 하지만 수능과 모의고사를 보려면 필수적으로 알아야 하는 어휘들이 수록되어 있기 때문에 추천합니다.

뒷부분에 빨간색으로 표시된 단어들이 난이도 높은 어휘들인데요. 기초부터 심화까지 필요에 따라 난이도별로 학습할 수 있습니다. 그런데 이 책에는 일부 단어가 어근이 같은 걸로 묶여 있는 게 있어요. 의미를 같이 묶어서 외우면 편하다고 하는데 오히려 이게 헷갈리는 사람도 있을 거예요. 외우는 스타일에 따라 단어 배열 순서에 장단점이 있습니다.

영어: Grammar Zone(능률교육)

이 책은 문법 개념서입니다. 이 책에는 귀여운 그림이 많고 친절하고 아기자기하게 설명되어 있어요. 그리고 예시도 굉장히 많아요. 어떻게 문장에서 쓰이고 어떻게 문제로 나오는지, 문법에서 중요한 다양한 예시와 활용을 제공해줘요. 개념은 다 이해했어도 막상 문제로 나오면 잘 적용하기 힘들 수 있잖아요. 그런데 이 책에서 예제로 적용된 걸 보면 금방 실전에서 사용할 수 있을 거예요. 단, 영문법 입문자들이 많이 보는 책이다 보니 수능과 비교해서 문제 수준이 다소 쉬울 수 있습니다. 조금 더 심화된 문법 공부를 하고 싶다거나 자주 실수하는 어려운 파트가 있다면 좀 아쉬운 문제집일 수 있습니다.

탐구: 수능특강(EBS)

이 책은 개념도 간략하게 제시되어 있고 문제도 그렇게 많이 수록되어 있지는 않아요. 하지만 수능에 나오는 핵심 개념들을 다 담고 있고 중요한 단어에 대한 설명들도 제시해놓았어요. 그렇기 때문에 개념을 점검하는 차원에서 쓰기 좋은 문제집입니다.

그런데 이걸로 시작하기에는 조금 무리가 있어요. 구체적으로 더 개념 공부를 하고 싶으면 따로 공부를 해야 할 거예요.

수능특강은 연계교재이기 때문에 그 해의 수능 출제 동향을 파악할 수 있어요. 기존에 여러분이 배웠던 개념에서 이번 수능에 나올 법한 새로운 개념이 추가됐거나, 기존에는 조금만 다뤘던 게 많이 다뤄졌다는 식으로 말이죠.

탐구: 완자(비상교육)

〈수능특강〉은 수능에 최적화되어 있다면 이 책은 내신 대비에 최적화되어 있다고 말할 수 있어요. 자료를 제시한 걸 보면 '이건 어느 교과서에만 나와요'라는 게 다 적혀 있어요. 그렇기 때문에 본인 학교에서 쓰는 출판사에 따라서 골라 볼 수 있습니다.

이 문제집에는 자료가 굉장히 많아요. '대표 자료 분석'이라는 파트에는 탐구 공부에 필수적인 시각 자료가 풍부하게 첨부되어 있어서 한눈에 볼 수 있어요. 또 '탐구 자료창' 부분에는 다른 자료들까지 많이 수록되어 있어서 그런 부분까지 공부하면 탐구를 꽉 잡을 수 있을 것 같아요.

이 책의 답지 이름이 '정답친해'예요. '친해'는 '친절한 해설'의 줄임말입니다. 그만큼 선지 하나하나를 자세하게 설명해줘서 좋고요. 오류가 있는 것 같을 때 홈페이지에 문의를 남기면 피드백이 빨라요.

탐구: 숨마쿰라우데(이룸이앤비)

이 책은 개념서이긴 하지만 다른 문제집에 비해 난이도가 높아요. 문제가 어려운 만큼 개념이 친절하고 탄탄합니다. 설명이 아주 세세하게 되어 있어서 처음 개념을 공부할 때는 이해하기 쉬울 거예요. 다만 너무 줄글로 되어 있기 때문에 읽다 보면 지루할 수 있어요.

탐구: 셀파(천재교육)

셰르파(sherpa)는 안내인이라는 뜻인데 셰르파처럼 도움을 준다고 해서 '셀파'입니다. 이 책은 개념서에 가깝긴 한데요. 사탐 개념서를 보면 줄글 형식으로 되어 있어서 심도 깊은 이해는 할 수 있지만 한눈에 보기엔 힘든 경우가 많아요. 이 책은 줄글로 되어 있지 않아서 한눈에 개념을 파악하기 쉽고 다양한 수준의 문제들까지 풀어볼 수 있어요. 문제집과 개념서의 중간 단계라고 할 수 있죠.

중간에 보면 서답형 문제들만 뽑아놓은 구성이 있습니다. 그래서 내신에 특화되어 있고 서술형이나 단답형에 대비하기 좋아요. 단점은 개념서에 가까워서 문제가 쉬워요. 그래서 고3 수능 연계 교재가 나오기 전에 탐구의 개념을 다지고 싶고 본격적인 문제 풀이 전에 마지막으로 정리하고 싶은 고 1, 2 학생들에게 추천합니다.

지금까지 문제집을 추천해드렸는데요. 특히 개념서는 두고두고 오래 봐야 합니다. 그러니까 친구처럼 본인한테 잘 맞아야 해요. 자신의 상황과 성향에 맞는 문제집을 취사선택해서 성적에 큰 보탬이 되었으면 좋겠습니다.

수시, 정시 중 뭐가 유리할까요?

수시와 정시는 어떻게 다르고 어떤 장단점이 있는지 알아보겠습니다. 둘 중 하나를 고른다기보다는 특성을 파악해서 현명하게 준비해봅시다.

정시의 장단점

정시는 상대적으로 내신을 덜 챙겨도 된다는 장점이 있습니다. 수시로 대학을 가려면 3년 동안 꾸준한 내신 등급을 받아야 하는데 한 학교에서 1등급은 수십 명도 안 됩니다. 꾸준히 내신 관리를 해서 수십 명 안에 들어가는 게 쉬운 일이 아니죠. 꾸준히 내신 공부를 하기 힘든 학생이라면 정시에 집중하는 게 나을 수도 있습니다. 내신 점수에 연연해하고 싶지 않고 자소서, 면접, 비교과 등 수시 준비가 힘든 학생이라면 정시를 추천합니다. 또는 평가원 스타일의 문제를 선호하는 학생에게도 좋겠죠.

정시는 수능이라는 한 가지 목표만 두고 3년 동안 꾸준히 공부하는 것이기 때문에 수능에 나오는 범위 내에서만 공부하는 거예요. 그리고 매년 입결 자체가 많이 변하지 않기 때문에 선택지가 좁아 보이지만 내가 어느 정도의 점수를 받고 있다면 확실한 지원이 가능합니다.

덧붙이자면, 교육부가 서울 소재 16개 대학에 대해 2023학년도까지 수능 위주 정시 전형을 40% 이상으로 끌어올리기로 했다고 밝혔으니 참고하기 바랍니다.

수시의 장단점

고등학교 3년이라는 시간이 사실 짧은 시간은 아니기 때문에 수시에만 집중하면 힘들긴 합니다. 하지만 지금까지는 입시에서 정시보다 수시의 비율이 더 높았고, 그래서 수시를 대비할 수밖에 없는 상황이었죠.

일단 정시는 수능을 보니까 전국에 있는 모든 학생들이랑 경쟁하는 것이지만, 수시는 우리 학교 내에서 경쟁을 하는 거죠. 그래서 경쟁에 부담을 덜 느낄 수 있다는 점은 장점이라고 볼 수 있습니다.

만약 수시를 목표로 한다면, 이왕 할 거 재미있고 활동적으로 해서 자신의 꿈까지 찾아보면 좋을 것 같습니다. 또 만약 본인의 꿈이 확고하다면 수시를 이용해서 더욱 확실하게 꿈을 다져가고 구체화할 수 있습니다. 꿈이 확고하고 활동력이 있는 학생, 단순 암기에 강하고 내신을 꼼꼼히 잘 챙길 수 있는 학생, 다양한 활동도 공부라고 생각하는 학생에게 수시를 추천합니다.

내신은 수능에 도움이 된다

정시만 준비하면 내신은 버려도 되냐고 묻는 친구들이 있어요. 그리고 내신 공부와 수능 공부가 다르다는 생각을 하는데 이건 크나큰 착각입니다. 내신 공부와 수능 공부를 같이 하면 오히려 더 시너지 효과를 낼 수 있어요. 1, 2학년 때 영어나 수학, 국어의 기초를 배우잖아요. 기초 작품, 기초 문법, 기초 개념… 이런 것들이 잘 잡혀 있어야 수능도 잘 볼 수 있는 것이기 때문에 내신도 수능에 도움이 됩니다.

이런 점에서 보면 사실 수능은 고1 때부터 준비하는 거라고 볼 수도 있습니다. 수능이 1년 준비해서 되는 게 아니니까요. 고1 때 배우는 것도 수능 범위에 들어가잖아요. 고1 때 고3 수험생처럼 공부만 하라는 게 아니라 수능을 고려해서 학교 공부를 놓치지 말고 진도를 따라가라는 말입니다.

둘 다 놓지 말자

수시와 정시를 같이 준비하면 불합격에 대한 불안감과 스트레스를 줄일 수 있습니다. 수시 결과가 안 좋아도 수능을 잘 보면 되고, 수능을 망쳤다면 수시 결과에 대한 희망을 가질 수 있어서 안정감 있게 수험 생활을 보낼 수 있습니다.

또한 수시는 6개, 정시는 3개의 원서를 쓸 수 있습니다(특별법에 의해 설립된 대학은 제외). 그런데 수시와 정시를 같이 준비한다면 무려 9장이나 되는 카드를 가지고 자신이 원하는 학과나 대학에 지원할 수 있는 거죠.

그러므로 수시를 준비하지만 수능 최저까지 챙기는 학생, 하나에만 집중했을 때 대학에 떨어질까봐 부담을 크게 느끼는 학생에게는 둘 다 준비할 것을 추천합니다.

정시에 '올인'해야 하는 상황인데 너무 불안해요

tip

수시는 6개나 쓸 수 있고 정시는 3개밖에 못 쓰니까 정시만 준비하면 도박을 하는 것 같다는 생각을 많이 하는 것 같아요. 그런데 오히려 정시가 기회의 폭이 더 넓다고 생각할 수도 있어요. 왜냐하면 수시라는 것은 어떤 대학의 어떤 전형, 그거 하나만 저격할 수 있는 반면 정시는 점수만 최대한 따놓으면 지원할 수 있는 폭이 더 넓거든요. 3개밖에 못 쓰지만 점수가 높으면 다 쓸 수 있는 거예요.

그런 관점에서 내가 수능만 잘 보면 원하는 데 다 쓸 수 있다고 여유롭게 생각하세요. 수시는 공통적인 것도 있긴 하지만 전형별로 준비해야 하는 게 다르잖아요. 그런데 정시는 수능 하나만 준비하면 되니까 마음을 편안하게 가지세요. 정시를 하니 코너에 몰렸다고 생각하지 말고 무조건 더 높은 점수를 향해 나아가는 게 정시생이 가져야 할 마음가짐이라고 생각합니다.

필기하기 좋은 노트와 필기법

새 학기가 시작되면 노트를 준비할 텐데요. 별것 아닌 것 같아도 어떤 것으로 골라야 할지 고민이 많이 됩니다. 사람마다 선호하는 노트가 있겠지만 '잘 모르겠다' 하는 분들을 위해 노트 고르는 법을 알려드립니다.

목적에 맞는 내지 형태를 선택하자

사이즈는 B5를 추천해요. 너무 크면 들고 다니기 힘들고, 너무 작으면 필기할 공간이 부족하니 B5가 적당한 것 같습니다. 종이는 필기했을 때 뒷장에 비치지 않을 정도로 도톰한 게 좋습니다. 또 노트 내지에는 다양한 형태가 있는데요. 목적에 따라 다양한 형태의 노트를 활용하면 더 효율적으로 공부할 수 있습니다.

[무지 노트] 아무 줄이 없는 무지 노트는 무언가를 그리기 편하고 채워 넣기에도 알맞습니다. 마인드맵, 지도 등 시각화해서 암기하면 효과적인 자료에 활용하기 좋아요.

[섹션 노트] 섹션 노트는 왼쪽에 3센티미터 정도의 섹션 분리 칸이 있는 노

트입니다. 왼쪽 칸에 단원명, 개념 등을 적어서 한눈에 구분되게 할 수 있습니다. 혹은 왼쪽 칸에 부수적인 내용을 적고 오른쪽 넓은 공간에 세부적인 내용과 설명을 적을 수도 있어요. 이렇게 하면 매우 깔끔하게 노트 정리를 할 수 있습니다.

단원명	
개념	
부수적인 내용	세부적인 내용&설명

[모눈 노트] 모눈 노트는 작은 격자무늬로 되어 있는 노트입니다. 그래프나 숫자 등을 모눈에 맞춰서 필기하면 깔끔하고 목차를 설정하기 편리합니다. 한컴 타자에서 탭(Tab) 키를 누르면 들여쓰기가 되는 것처럼 들여쓰는 것도 깔끔하게 할 수 있어서 단락을 맞추기 편해요.
과학탐구 같은 경우 그래프 같은 게 아주 많이 나오잖아요. 그럴 때 모눈 노트를 사용하면 자를 대고 긋지 않아도 일정한 선을 그을 수 있습니다. 생명이나 지구과학의 경우에는 그림을 굉장히 많이 그려요. 줄 공책에 그림을 그리다 보면 줄이 거슬릴 때가 많죠. 하지만 모눈은 보일 듯 말 듯해서 줄 공책보다 편하게 필기할 수 있습니다. 사회탐구도 마찬가지입니다. 한국사를 공부할 때는 연표 그리기에 모눈이 안성맞춤입니다.

[절취 노트] 한 장씩 잘라 쓸 수 있는 노트입니다. 친구한테 노트 한 장을 빌려줄 때도 깔끔하게 뜯을 수 있어서 좋고요. 필기한 것을 뜯어서 가지

고 다니면서 암기하기도 좋아요. 이면지나 A4 용지를 따로 들고 다닐 필요가 없겠죠.

[인덱스 노트] 인덱스 노트는 인덱스로 내지가 구분되어 있는 노트를 뜻합니다. 파트가 다 나뉘어 있기 때문에 과목별, 시험별로 내용을 정리할 수 있다는 점이 장점입니다.

내신 공부를 할 때 인덱스 노트를 활용하면 좋은데요. 노트 표지에 '중간고사'라고 써놓고 인덱스에 각 과목의 이름을 적은 다음 해당 과목의 내용을 차근차근 정리해나가면서 공부하세요. 수능 공부하는 친구들도 내가 선택한 과목들을 인덱스에 표시해놓고 각각의 내용을 정리해놓으면 더 체계적이고 효율적으로 공부할 수 있습니다.

과목에 따라 여러 권을 준비하자

노트는 과목에 따라 여러 권을 준비하는 게 좋습니다. 수학 공부를 할 때는 수학 노트, 단어 공부를 할 때는 영단어 노트, 이런 식으로 말이죠. 과목마다 활용하기 좋은 노트의 종류가 다르거든요.

[영단어 노트] 세로로 4분할이 되어 있는 줄 공책을 활용하면 좋습니다. 마치 단어장이 내 노트에 들어온 것 같죠. 여기에 DAY 1, 2, 3, 4를 직접 써넣고, 궁금하거나 오늘 헷갈렸던 단어를 정리합니다. 그러면 나만의 DIY 영어 단어장이 되는 거죠. 또 세로줄을 따라 접어서 단어를 가리고 옆에

써보면서 외웠는지 확인할 수 있어요.

[수학 노트] 수학을 위해서는 2분할되어 있는 무지 노트를 추천합니다. 수학 노트는 A4 사이즈를 사용해도 좋아요. 식을 쓰다가 공간이 모자라서 다음 장으로 넘어가면 기분이 좋지 않잖아요? 그래서 수학 노트는 좀 넉넉한 사이즈가 좋은 것 같습니다.
줄 공책에다 수학을 공부하면 분수를 쓸 때 숫자가 작아서 잘 안 보여요. sin, cos 같은 게 나오면 더 힘들고요. 줄에 맞춰서 썼는데 선이 안 보여서 실수를 할 수도 있죠. 또 무지 노트는 도형을 그리기도 좋습니다.
2분할 노트를 쓰면 수식을 세로로 쓰며 효율적인 계산을 할 수 있습니다. 수식을 쓰면서 등호를 쓸 때마다 엔터키를 치는 느낌인 거죠. 2분할 노트를 활용하면 수학적 사고를 더욱 효율적으로 할 수 있을 것입니다.

[탐구 노트] 탐구 같은 과목은 개념이 상당히 중요하고 세부적인 내용도 많기 때문에 섹션 노트를 사용하면 편리하고 보기도 좋습니다. 왼쪽 칸의 내용만 보고 필요한 내용을 찾을 수도 있죠.

마지막으로 필기에 관한 팁을 드리자면 3색 펜을 활용해보라고 권하고 싶어요. 용어, 기본 설명, 중요 내용을 각기 다른 색으로 표시하는 거죠. 또 암기를 할 때는 키워드를 알면 외우기 쉽기 때문에 암기할 키워드를 형광펜으로 표시하면 좋습니다.

어떻게 하면 공부 시간을 최대한 확보할 수 있을까요?

[Tip] 고3 때도 '덕질'하면서 공부에 집중할 수 있나요?

고등학교 들어가기 전에 해야 할 일이 있나요?

[Tip] 연애하면서 공부하는 게 현실적으로 가능한가요?

자습 시간을 어떻게 활용해야 할까요?

[Tip] 기숙사에 사는데 공부에 집중하기가 힘들어요

여름방학을 어떻게 보내야 할까요?

긴 겨울방학을 잘 활용하고 싶어요

[Tip] 나 자신이 한없이 초라해질 땐 어떻게 해야 할까요?

공부를 잘하려면 꼭 아침형 인간이 돼야 하나요?

아침에 일찍 일어나는 방법을 알려주세요

시험 기간에 절대 해선 안 되는 일이 있나요?

[Tip] '유리멘탈'이라서 너무 힘든데 어떻게 고치죠?

학원 안 다니고 재수할 수 있을까요?

[Tip] 학원을 많이 다닐수록 좋을까요?

슬럼프에 빠져서 공부하기가 싫어요.

[Tip] 인터넷 강의를 보고 나면 태블릿 PC로 딴짓을 해요

친구관계에 신경 쓰느라 에너지를 많이 뺏겨요.

[Tip] 친구가 별로 없어요

허리디스크 때문에 공부하기가 힘들어요

교복을 편하면서도 트렌디하게 입을 수 있을까요?

[Tip] 졸업사진을 어떻게 하면 잘 찍을 수 있을까요?

● 공부에 도움되는 아이템과 책상배치법

공부만 잘한다고 다가 아니잖아요

- 생활과 멘탈 관리 -

어떻게 하면 공부 시간을 최대한 확보할 수 있을까요?

흔히 그런 말 하잖아요. '하루에 10시간씩 공부해야 서울대 간다.' 사람마다 다르긴 하겠지만 실제로 공부하는 시간은 10시간까지는 안 될 거예요. 일단 학교 끝난 뒤에 야자 시간이나 독서실에서 공부하는 시간이 5시간 정도일 텐데요. 그 외에 공부할 시간을 확보하려면 학교에 있는 시간 중에서 아침 자습 시간, 쉬는 시간, 점심시간 등 자투리 시간을 모두 모아야 해요. 그런 자투리 시간을 모으면 하루 1시간 30분 정도 나올 거예요. 결국 다 합치면 6~7시간 정도 공부할 수 있다는 거죠.

'생각보다 적네?'라고 생각하는 분도 있을 테고 '어떻게 그만한 시간이 나오지?'라고 생각하는 분도 있을 텐데요. 사실 6시간을 확보하는 게 쉬운 일은 아닙니다. 각기 자기 상황에 맞게 최대한 공부 시간을 확보할 수 있는 팁은 세 가지입니다.

1. 플래너를 사용하자

플래너를 쓰면 밥 먹는 시간, 이동 시간 등 시간이 많이 낭비되는 지점을 파악할 수 있고 자투리 시간을 찾아낼 수도 있어요.

플래너를 두 파트로 나누어 '오늘 할 일'과 '오늘 한 일'을 구분해서 정리하세요. '오늘 할 일' 리스트에는 '과목별로 몇 문제를 풀 것인가' 하는 것들을 세부적으로 씁니다. 계획을 세울 때 가장 먼저 할 일은 공부할 분량을 나누는 거예요. 예를 들어, 시험이 한 달 남았다면 그때까지 해야 할 일들을 적어놓으세요. 그것을 다시 일주일 분량으로 나누고, 거기에서 또 하루 분량으로 나누는 거예요. 그러면 세부적으로 국어는 몇 단원, 무슨 문제집 A 단원, 이런 식으로 나오겠죠.

처음에는 공부할 양을 얼마나 잡아야 하는지 헷갈릴 수 있어요. 그래서 처음 3일에서 5일 정도는 유예기간으로 설정을 해놓고, 다 못 해도 너무 스트레스 받진 마세요. 내가 하루에 어느 정도 할 수 있는지 확인하는 기간도 필요하거든요. 그렇게 해서 하루 할 수 있는 공부량이 가늠되면 그다음부터 차츰 더 세부적으로 적어나가면 됩니다.

'내가 한 일'에는 내가 눈뜬 시간부터 잠드는 시간까지 뭘 했는지를 적습니다. 과목마다 각기 다른 형광펜 색을 정해놓고 구분하면 좋아요. 예를 들어, 영어는 갈색이라면 내가 영어 공부한 시간에는 갈색 형광펜으로 표시를 하는 거죠. 그 외에 자거나 졸거나 밥 먹거나 휴식한 시간은 검정색 펜으로 뭘 했는지 솔직하게 써놓아요.

2. 스톱워치를 사용하자

내가 진짜 집중한 시간만 스톱워치로 시간을 재는 거예요. 그러면 '쉬는 것도 아니고 공부를 하는 것도 아닌' 이도 저도 아닌 시간을 줄이는 데 도움이 됩니다. 쉬는 시간에는 스톱워치를 끄고 완전한 휴식을 즐기고, 공부할 때는 스톱워치를 켜서 공부 시간을 확실히 확보해야 합니다. 두 가지를 확실히 나누는 게 굉장히 중요해요.

3. 집중력과 효율성을 따지자

모두에게 똑같은 시간이 주어지는데 왜 누군가는 시간이 모자라서 해야 할 것을 못하고, 또 누군가는 여유롭게 운동도 하고 과제도 하는 걸까요? 집중력과 효율성이 중요하기 때문입니다. 같은 시간을 공부해도 그 시간을 어떻게 효율적으로 사용하고 집중했는지가 중요합니다. 흐물흐물하게 5시간씩 공부해봤자 공부는 공부대로 안 끝나고 지치기만 하죠. 그러니까 1시간이라도 단단하게 집중해서 확실하게 사용한다는 생각을 했으면 좋겠어요.

고3 때도 '덕질' 하면서 공부에 집중할 수 있나요? tip

아이돌 좋아하는 친구들 많을 텐데요. 고3 때 조금 참아야지 대학교 때 본격적으로 덕질을 할 수 있다고 생각하면서 덕질과 공부 사이의 밸런스를 맞추려고 노력해보세요. 절대 덕질이 우선이 되지 않도록 공부할 때는 노래 듣는 것 정도만 하고요. 노래를 듣다가 너무 보고 싶으면 사진 한 번 보세요. 공부 시간이 완전히 끝난 뒤에 덕질을 하면서 힘을 얻고요. 덕질이 너무 우선시되지 않도록 밸런스를 잘 맞춰서 고3 시기의 활력소로 활용했으면 합니다.

고등학교 들어가기 전에 해야 할 일이 있나요?

수시로 대학에 가기 위해서는 3년간 꾸준히 높은 내신 성적을 받아야 해요. 또 정시로 대학에 가기 위해서는 1학년 때 기초를 탄탄히 쌓고, 2학년 때는 내용을 완성시키고, 3학년 때는 부족한 부분을 보충하고 잘 풀기 위한 스킬을 추가해야 하죠. 이렇듯 3년간의 꾸준한 노력이 필요합니다.

그렇기 때문에 대학에 진학하기로 마음먹었다면 고3 때 1년간 바짝 해서는 절대 원하는 대학에 갈 수 없다는 것을 인지해야 해요. 3년 동안 꾸준히 준비하겠다는 마음가짐이 중요합니다.

고등학교 진학을 위한 바닥 다지기

수학의 경우 중3 때 고등학교 과정을 선행학습하는 학생들이 다른 과목에 비해 많은 편인데요. 개념을 처음 배우고서 바로 수능이나 내신에서 고득점을 하기가 힘들기 때문이죠. 그래서 최소한 고1 수학 과정은 예습하길 추천합니다.

국어의 경우 책을 많이 읽으면 자연스럽게 독해력이 향상돼요. 다양한 지문을 보면서 배경지식을 넓힐 수 있을 뿐만 아니라 독해 속도도 높일 수 있기 때문에 책을 읽거나 신문을 읽으면서 기본을 탄탄히 하는 것이 좋습니다.

영어의 경우에는 선행학습보다는 어휘력과 문법, 구문분석 등 영어 해석의 기초가 되는 것들을 탄탄히 공부해두는 것을 추천합니다.

중학교 3학년 2학기 성적은 내신 산출이 되지 않기에 공부를 안 하고 노는 학생들도 많은데요. 이때의 과학이나 수학이 고등학교 과정의 기초가 됩니다. 그러니 내신 산출이 되지 않더라도 공부를 게을리 해선 안 돼요!

고등학교에 진학한 뒤에는

사실 1학년 때는 자신이 어떤 전형에 몰입해서 대학을 준비할지 가늠하기는 쉽지 않죠. 하지만 수시의 비율이 더 높은 것을 고려해서 내신을 반드시 챙겨야 합니다. 그래야 훗날 전형 선택의 폭이 좁아지지 않아요.

2학년 때부터는 개인의 실력이나 주위 상황에 따라 해야 하는 일이 천차만별이므로 일반화하기엔 힘들어요. 하지만 목표를 잡고 그 목표를 달성하기 위해 열심히 하는 것이 가장 중요하지 않을까 합니다.

연애하면서 공부하는 게 현실적으로 가능한가요? tip

고3 때 연애를 했지만 연세대에 입학한 크리에이터가 있어요. 이 친구도 연애를 하면서 성적이 떨어진 것은 사실입니다. 평소 시간 관리를 체계적으로 하고 자투리 시간을 잘 활용해서 공부하는 편이었는데 연애를 시작한 후 자투리 시간을 남자친구한테 투자하고 공부 계획도 조금씩 무너지면서 연애하기 전보다 공부하기가 어려워진 거죠.

그나마 연애가 도움이 되었던 건 다음 시간에 남자친구를 만나야 하니까 '이 시간에 할당량을 다 끝내겠다!'는 일념으로 좀 더 공부에 집중할 수 있었다는 거예요. 그러니까 만약 연애를 한다면 공부할 때 최대한 집중을 하려고 노력하세요.

그렇지만 집중을 잘 못하는 편이거나 대학을 가는 게 먼저라면 연애는 신중하게 고민해볼 필요가 있어요. 연애를 하고 싶다면 대학 와서도 할 수 있으니까 대학에 가서 연애하는 자신의 모습을 상상하면서 공부에 집중하는 것도 좋겠죠.

자습 시간을 어떻게 활용해야 할까요?

자습 시간에 잠만 자거나 딴짓을 하느라 시간을 낭비하는 친구들이 많습니다. 그러나 이 시간을 어떻게 활용하느냐가 성적 관리에서 아주 중요합니다. 자습 시간을 잘 활용하는 방법을 알려 드릴게요.

1. 계획표를 짜자

계획표를 작성하고 계획적으로 공부하는 것이 좋습니다. 사실 자습을 처음 하는 친구들이라면 계획 짜는 것도 막막할 거예요. 너무 구체적인 계획까지는 아니더라도 '이 시간에 어떤 과목의 어떤 부분은 이 정도까지 공부해야겠다' 하는 정도의 생각만이라도 가지고 자습 시간을 맞이해야 합니다. 즉흥적으로 하는 공부는 위험해요. '이 문제집이 끌리네' 하면서 좀 풀다가 금방 질려서 '아, 이거 재미있어 보여' 하면서 다른 거 풀고, 이러면 안 됩니다. 계획 짜는 것도 처음 시작하기가 어렵지 습관이 되면 아주 쉬워집니다. 그러니까 처음부터 계획 짜는 습관을 잘 들이면 정말 좋습니다.

2. 진짜 공부한 시간을 파악하자

시간을 알차게 활용하기 위해서는 진짜 공부한 시간을 재는 것이 도움이 됩니다. 여러분이 책상 앞에 앉아 있는 시간과 공부하는 시간은 절대 같지 않습니다. 그러니까 착각하지 말고 진짜 공부한 시간을 재세요. 그걸 하루하루 체크해보면 내가 책상 앞에 앉아 있는 동안 공부 외에 어떤 걸로 시간을 낭비하고 있는지 확인할 수 있어요. 그렇게 공부 외 행동을 점점 줄여나가면서 자습 시간에는 공부만 딱 할 수 있도록 습관을 들이는 거죠. 그게 굉장히 중요합니다.

3. 졸리면 잠깐 자는 것이 낫다

졸릴 때는 잠깐이라도 자고 일어나서 시작하는 게 낫습니다. 졸음을 참으면서 비몽사몽 공부하면 어차피 머리에 남는 건 없으니까요. 차라리 5분에서 10분 정도 짧고 가볍게 쪽잠을 잔 다음에 일어나서 개운한 상태로 공부하는 게 좋습니다. 이 10분이 정말 꿀잠인데요. 다만 쪽잠이 한 시간이 되고 두 시간이 되면 안 됩니다. 주변 친구들한테 꼬집어서라도 깨워달라고 부탁해서 빨리 일어나세요!

이렇게 자습을 하다 보면 자습 시간에 내가 가장 잘할 수 있는 과목과 공부량을 파악할 수 있을 거예요. 그걸 토대로 다시 계획을 짜보고 시간도 재보고 하면서 점차 발전시키면 됩니다. 그럼 이제부터 시기에 따른 자습 시간 활용법을 알려드리겠습니다.

방과 후 자습 시간에는 복습과 단권화

방과 후 자습 시간에는 그날 배운 내용을 복습하는 게 좋습니다. 이때 미리 단권화를 해놓으세요. 시험기간이 됐을 때 급하게 정리하느라 시간을 쓰지 않아도 되어서 훨씬 수월하게 공부할 수 있거든요. 시간이 엄청 절약되는 거죠.

야간자율학습 시간에는 국어, 영어, 수학 위주의 학습

야간자율학습(야자) 시간은 학교마다 다르지만 보통 70분에서 90분 정도 될 거예요. 생각해보면 수능 시험 시간이랑 굉장히 비슷하죠. 그래 이 시간에는 국어, 영어, 수학 위주로 공부하면 좋습니다. 국/영/수는 단기간에 실력이 향상되는 게 아니라 얼마나 꾸준하게 공부하느냐에 따라 실력이 좌우된다고 봐요. 그러니 야자 시간에 국/영/수 모의고사 기출문제를 풀면 시간을 알차게 보낼 수 있습니다.

시험 기간에 친구들과 모여 공부할 수도 있다

시험 기간에는 평소와 다른 방법으로 자습 시간을 활용해도 좋습니다. 학교마다 여건은 다르겠지만 야자 시간에 친구들과 모여서 공부하는 경우가 있어요. 친구들과 이야기하면서 공부하면 좋은 점이 있기 때문이죠. 같은 과목일지라도 반마다 선생님이 다른 경우가 있는데, 이렇게 하면 다른 선생님의 수업 내용도 공유할 수 있습니다. 또 몰랐던 부분을 친구들이 알려주기도 하고 수업 시간에 필기 못했던 부분을 알려줄 수도 있죠. 이렇게 내가 놓친 부분을 서로 보완해주면서 좀 더 꼼꼼하게 공부할 수 있습니다.

수행평가 기간에는 수행평가 위주로 공부

평소나 시험 기간에는 계획한 데서 끝내지 못한 공부량을 자습 시간에 채우면 좋습니다. 그럼 수행평가 기간에는 어떻게 해야 할까요? 이때도 학교에서는 최대한 공부만 할 수 있는 환경을 만들어주는 게 좋아요. 하교 후 자습 시간에 수행평가를 위주로 공부하는 거죠.

지금까지 드린 팁을 참고하되 직접 자습을 해보면서 자신만의 공부 환경과 공부법을 만들기 바랍니다. 처음부터 완벽히 알차게 자습 시간을 보내는 사람은 아주 적으니까 너무 걱정하지 않아도 됩니다.

기숙사에 사는데 공부에 집중하기가 힘들어요 tip

기숙사 생활을 하는 경우라면 모 아니면 도예요. 룸메이트들과 다 같이 열심히 공부를 할 수도 있기만 열심히 수다를 떨 수도 있으니까요. 공부에 집중하기 힘들다면 복도 자습을 추천합니다. 복도는 조용하기도 하고 졸릴 때 추운 복도에 나가 공부하면 잠이 깨기도 해요. 늦게까지 깨어 있기 힘든 사람이라면 차라리 일찍 자고 일찍 일어나는 생활을 하는 것도 좋은 방법이에요. 규칙적인 생활을 하는 것 자체가 생활 패턴이나 건강에 도움이 되기도 하고요. 남들 다 자는 시간에 나 혼자 일찍 나와서 공부하는 쾌감도 느낄 수 있죠. 특히 수능을 앞둔 고3이라면 일찍 자고 일찍 일어나는 습관을 들이는 게 좋습니다.

여름방학을 어떻게 보내야 할까요?

기말고사가 끝난 뒤 여름방학을 어떤 마음으로 맞아야 할까요? 방학 계획을 세울 때는 내가 할 수 있는 역량보다 큰 계획을 잡기보다 현실적으로 잡는 게 좋습니다. 내 능력 이상의 계획을 잡으면 따라 가지 못하고 포기할 수 있고, 그러면 계속 포기하게 되니까요. 큰 계획을 세웠다가 포기한 상태로 공부한 양은 현실적인 계획을 세우고 공부한 양보다 적은 것 같아요. 이제부터 여름방학을 100% 활용하는 학습과 활동을 계획해봅시다.

고등학교 1, 2학년이라면 취약 과목을 보충하자

먼저 고등학교 1, 2학년 여름방학엔 취약 과목을 찾아 공부하기 바랍니다. 모든 과목을 욕심 부려서 다 해결하려고 하지 말고 상대적으로 취약한 과목을 채워서 상향평준화하는 작업을 하는 거죠. 그렇게 하기 위해서는 가장 하기 싫은 공부를 집중적으로 공부해야 합니다. 예를 들어, 국어 과목 같은 경우에는 긴 지문을 읽기가 너무 힘들어서 후딱 읽고 빨리 문제를 풀고 싶어지죠. 하지만 지문을 하나하나 꼼꼼히 읽어서 내 것으로 만드는 작업이 굉장히 중요해요. 가장 하기 싫고 가장 미뤄놨던 부분을 중점적으로 보길 바랍니다.

또 고등학교 1, 2 학생들에게는 수학 공부를 열심히 하라고 말하고 싶어요. 물론 학기 중에도 열심히 하겠지만 방학 때는 특히나 더 열심히 했으면 합니다. 어떻게 보면 수학이 제일 쉬울 수도 있어요. 시간을 투자한 만큼 성적이 오르거든요. 자신의 위치를 바꿀 수 있는 시간이 바로 여름방학이라고 생각합니다.

수학책 여러 권을 단원별로 공부하자

고등학교 1, 2학년 여름방학 때 시중에 판매하는 수학 문제집들을 세 권 정도 사놓고 하루에 한 단원씩 푸는 거예요. 이때 한 권을 다 끝내고 다른 문제집을 보는 게 아니라 오늘은 문제집 1의

1단원을 풀고, 내일은 문제집 2의 1단원, 그다음 날은 문제집 3의 1단원을 푸는 식으로 병렬식 공부를 하는 거죠. 이렇게 하면 특정 단원에서 어떤 유형의 문제가 나올 수 있는지 분석할 수 있게 됩니다. 이런 방식으로 3주 안에 세 권을 끝내려고 노력해보세요.

기존의 생활 패턴을 유지하자

나는 분명 공부 계획을 아침 9시부터라고 잡아놨는데 눈을 떠보니 10시다! 이런 경험 있죠? 학기 중에는 속박되어 있다가 갑자기 3주 동안 자유로운 몸이 되면 긴장이 풀어져요. 하지만 그런 상황을 만들지 말고 자신의 패턴을 계속 유지해야 해요. 방학 동안 10시에 일어나는 패턴으로 생활리듬이 바뀌면 다시 학기가 시작되었을 때 후유증이 큽니다. 그러므로 기존의 생활 패턴을 유지하길 바랍니다.

이 와중에 여름방학에 펑펑 놀 계획을 세운 친구들 있나요? 혹시라도 그런 친구들이 있을지 모르니까 왜 여름방학에 놀면 안 되는지 알려드립니다.

내가 놀 때 남들은 공부한다!

방학이 되면 같이 생활하고 공부하던 친구들을 보지 못하다 보니 긴장감이 떨어질 수밖에 없어요. 좀 놀고 싶은 마음이 스멀스멀 올라오죠. 하지만 이때 다른 친구들도 모두 논다고 착각하고 나태하게 보내면 경쟁자와의 실력 차는 걷잡을 수 없이 커질 겁니다.

우리 크리에이터들 중에 그런 친구가 있어요! 고등학교 1학년 1학기 때 나름대로 성공적인 내신 성적을 받고 나니 나태해져서 여름방학을 중학교 때보다 더 느슨하게 보냈죠. 방학이 끝난 후 성적이 더 낮았던 친구들과 격차가 점점 좁혀지더니 결국 추월당했어요. 1학기 때 1등급 대를 유지하던 성적이 2등급으로 하락했습니다. 자존심이 너무 상했고 의지가 약한 자신에게 실망하고 화가 났답니다.

다시 한 번 강조하지만 여러분이 놀 때 남들은 공부합니다.

방학은 실력을 정비할 기회다

방학 때는 자습할 수 있는 시간이 많기 때문에 어떤 문제에 대해서 온전히 고민할 수 있는 시간도 많아져요. 그러니까 방학은 진도를 나가느라 놓쳤던 개념들을 다시 한 번 체크하고, 학기 중에는 시간이 너무 오래 걸려서 풀 수 없었던 심화문제들을 고민하면서 실력을 정비할 수 있는 적기입니다. 대부분의 시험에서 석차를 가르는 건 심화문제라는 것을 여러분도 잘 알 거예요. 다른 친구들은 방학 때 심화문제를 '겁나게' 하는 동안 나는 '방학 때 놀다가 수업 진도 나갈 때 같이 해야지' 하면서 그제야 심화문제를 본다고 해봅시다. 다른 친구들은 방학 때 머리 싸매고 터득한 심화문제 풀이 스킬이라든지 사고 과정을 개학 뒤에 짧은 자습 시간으로 커버할 수 있을까요? 할 수 없을 겁니다. 그러니까 시간 많은 방학 때 심화문제 풀이 스킬을 익힙시다.

방학 때 풀어지면 돌아오기 어려워요

한껏 풀어져 있다 보면 개학해서 다시 공부 모드로 돌아오기가 힘듭니다. 살도 찌는 건 쉽지만 빼는 건 어렵잖아요. 안 좋은 습관도 붙이는 건 쉬운데 없애는 건 정말 어렵습니다.

방학 끝나고 다시 학기로 돌아왔을 때 가장 힘든 게 자습 시간에 딴짓을 안 하는 거예요. 방학 때 하도 놀다 보니까 그때 새롭게 접한 놀 것들이 학기 중에도 계속 생각이 나는 거죠. '방학 때만 잠깐 하고 개학 하면 알아서 공부하겠지'라고 생각하지만 그게 아니에요. 그러니까 방학 마지막 주에는 학교에 돌아가기 직전이니 워밍업 한다는 기분으로 학교생활의 리듬으로 돌아가는 연습을 해야 합니다. 예습과 복습을 하면서 공부할 준비를 하는 것을 추천합니다.

그래도 방학인데 너무 몰아치는 것 아니냐고요? 물론 한 학기 동안 고생한 나 자신에게 방학 때 잠깐의 휴식을 허용하는 건 상관없어요. 하지만 그 정도를 조절할 필요가 있다는 거예요. 여러분이 놀 때 경쟁자들은 적당히 쉬기도 하면서 그만큼 공부를 많이 합니다. 그러니 현명하게 여름방학 계획을 세워서 공부와 휴식의 균형을 알맞게 맞춘 방학생활을 보내기 바랍니다.

긴 겨울방학을 잘 활용하고 싶어요

겨울방학은 새 학년을 앞둔 시기이고 비교적 긴 시간이라 정말 중요합니다. 추워서 움츠러들고 유혹도 많은 시기이지만 이 시기를 잘 활용하는 사람이 달콤한 대가를 얻게 되겠죠. 소중한 시간을 허투루 날리지 않기 위한 팁을 드리겠습니다.

고등학교 1학년에서 2학년으로 올라가는 겨울방학

겨울방학에는 장기적으로 실력을 올려야 하는 국어, 수학, 영어를 집중적으로 준비해야 합니다. 국어는 수능을 준비한다는 생각으로 고2 모의고사나 고3 3월 모의고사, 4월 모의고사 기출을 풀어보세요. 수능의 형식을 익히고 문제 푸는 방법 등을 몸소 느끼는 것이 좋습니다.

수학은 전반적으로 2학년 내신을 준비해가며 수능 범위의 개념을 탄탄하게 공부해야 합니다. 개념을 마음 편히 공부할 기간이 생각보다 없기 때문이에요. 또한 수능에 어떤 유형의 문제가 나오는지 3점짜리 문제들과 쉬운 4점짜리 문제들을 풀어보면서 익히는 걸 추천합니다.

영어는 어휘나 문법 등 기초 실력을 다지는 게 좋습니다.

또 2학년 때는 일반고 자연계 교육과정상 물리, 화학, 생물, 지구과학, 모든 과목을 배우므로 탐구는 내신을 대비한다는 생각으로 미리 공부하고 올라가면 좋습니다.

하지만 방학 내내 공부만 할 순 없겠죠. 이 겨울방학이 지나면 이제 졸업할 때까지 마음의 여유를 갖기가 힘들 거예요. 그러니 1학년 겨울방학에 가족이나 친구들과 여행을 한번쯤 다녀오는 것도 좋습니다.

고등학교 2학년에서 3학년으로 올라가는 겨울방학

3학년이 되면 수시 준비에도 쫓기기 때문에 생각보다 실력 자체를 향상시킬 시간이 별로 없어요. 따라서 2학년에서 3학년 올라가는 겨울방학에는 자기가 가장 못하는 과목이나 공부량이 가장 많이 요구되는 수학을 공부해두는 것이 좋아요.

목표를 설정하고 생활 패턴을 유지하자

겨울방학에는 자신이 어떤 전형으로 대학에 갈지 고민해보는 시간을 꼭 가져보길 바랍니다. 정시가 주 전략인지 수시가 주 전략인지, 수시는 정확히 어떤 전형을 쓸 것인지, 현재 자신의 내신이나 생활기록부 등을 확인해서 결정하는 것이 좋습니다. 이때 결정한 전략에 따라 다음 학기부터 그 방향성에 맞게 정시나 수시를 체계적으로 준비해야 합니다. 겨울방학을 뚜렷한 목표 없이 보내는 것은 금물입니다. 뚜렷한 목표가 없으면 어영부영 한 것도 없이 학년만 올라가게 돼요.

생활 패턴이 망가지는 것을 가장 주의해야 합니다. 상대적으로 긴 겨울방학 때 생활 패턴이 망가진다면 하루하루를 남들보다 효율적으로 쓰지 못할 가능성이 큽니다. 새 학기에 적응하기도 힘들어요. 그러므로 겨울방학에는 운동, 학원 등 어쩔 수 없이 아침에 일찍 일어나야 하는 스케줄을 미리 잡아두는 것이 좋습니다.

나 자신이 한없이 초라해질 땐 어떻게 해야 할까요? tip

너무 멀리 보지 말고 그냥 오늘 하루하루를 열심히 보내면 되는 것 같아요. 그리고 '내가 오늘 이렇게 열심히 했으니까 반드시 좋은 결과가 있을 거야!'라고 매일 자기 자신에게 세뇌시키세요. 그러면 불안함이 사라지더라고요. 대신 그만큼 노력을 하는 게 중요하겠죠? 하루하루를 열심히 살면 좋은 결과가 있을 테니 여러분 스스로를 믿기 바랍니다.

공부를 잘하려면 꼭 아침형 인간이 돼야 하나요?

아침에 일찍 일어나라고 권하는 건 그만큼 활용할 수 있는 시간이 많아지기 때문이에요. 하지만 야행성인 친구들과 잠이 많은 친구들을 위해 시간을 활용하는 법을 알려드릴게요.

깨어 있는 시간을 최대한 활용하자

간혹 새벽 2~3시에 공부가 엄청 잘된다는 친구들이 있어요. 일찍 자고 일찍 일어나는 습관을 들이려고 노력해봐도 아침잠이 많아서 일찍 자고 늦게 일어나는 결과가 되기도 하죠. 그런 경우라면 아침형에 너무 얽매이지 말고 내가 잘되는 시간에 공부하는 것도 괜찮습니다.

잠이 많은 사람이라면 깨어 있는 시간을 잘 활용해야 해요. 많은 학생이 공부 시간을 잴 때 아침에 눈 떠서 밤에 잠들 때까지 공부한 시간을 재는데요. 이렇게 하면 24시간 중 자투리 시간을 얼마나 버렸는지 쉽게 눈에 들어오지 않아요. 그래서 시간대별로 나눠서 공부 시간을 측정하는 방법을 추천합니다. 예를 들어, 1교시부터 쉬는 시간까지 60분인데 시간을 재보니 내가 공부한 시간이 55분인 거예요. 그럼 5분의 자투리 시간을 버린 거라고 생각합니다. 이렇게 하면 경각심을 갖고 깨어 있는 시간을 훨씬 더 효율적으로 사용할 수 있게 됩니다.

잠 깨는 덴 찬바람이 최고

그래도 잠이 너무 많아서 어떻게든 절대적인 공부 시간을 확보해야겠다는 분도 있을 텐데요. 잠을 깨기 위해 얼음을 씹어 먹거나 스탠딩 책상에서 서서 공부하는 방법도 있어요. 추운 겨울에는 창문을 열고 창가에 서서 공부하면 잠이 깨기도 합니다. 아니면 추운 곳에 나가서 걸어 다니면서 공부해도 됩니다. 이런 방법을 다 써도 잠이 안 깬다고요? 그렇다면 그건 진짜 그냥 피곤한 겁니다. 그럴 때는 억지로 공부해봤자 어차피 머리에 안 들어와요. 그러니까 너무 피곤하면 잠깐이라도 자고 일어나서 다시 공부합시다.

야행성이라면 조금 강제성을 부여하자

방학이 되면 야행성인 친구들은 더더욱 밤낮이 뒤바뀌고 해이해지기도 쉬워요. 딴짓하다가 늦게 자고, 그다음 날 늦게 일어나면 남들보다 뒤처진 것 같고 그렇죠. 그러니까 공부도 더 하기 싫어지고요. 그런데 계속 그런 생활을 유지하고 무질서하게 행동했다가는 죽도 밥도 안 됩니다. 차라리 그런 자기 자신을 껴안아주세요.

'괜찮아, 야행성인 걸 어쩌겠어. 그걸 받아들이고 방학만의 흐름을 만들자.'

그런데 늦게 일어나더라도 너무 불규칙하게 생활하지 않도록 주의해야 해요. 그러려면 인터넷 강의나 학원, 학교 자습 같은 것을 정해놓아서 강제성을 좀 부여하는 게 좋아요. 어쩔 수 없이 일어나야 할 일을 미리 만들어두는 거죠.

그리고 자기 전에 내일 할 일 리스트를 작성하는 게 좋습니다. 다음 날 리스트에 따라 퀘스트를 깨듯이 다 실행하고, 그런 다음에는 휴식하거나 자기를 위한 시간을 가져도 돼요. 어떻게 매일 하루 종일 공부만 하겠어요. 오늘 할 일을 다 해냈으면 스스로 칭찬하면서 상도 주고, 그게 원동력이 돼서 그다음 날 또 공부를 열심히 하고, 이런 선순환의 고리만 잘 만들어줘도 방학을 잘 보낼 수 있다고 생각합니다.

그런데 고3 수험생의 경우에는 얘기가 달라집니다. 수능일에는 아침에 국어 지문을 봐야 하잖아요. 그러니까 적어도 수능 전 1~3개월 정도부터는 아침에 일찍 일어나서 국어 지문을 읽는 습관을 들여야 해요.

아침에 일찍 일어나는 방법을 알려주세요

아침에 일어나는 건 누구나 참 힘들죠. 특히 방학이 시작되면 게을러지고 늦잠 자기가 쉬워요. 방학 때 제일 어려운 게 아침에 일찍 일어나는 것 같아요. 그래서 아침에 눈을 번쩍 뜰 수 있는 네 가지 비법을 알려드립니다.

1. 알람 활용하기

요즘 신기한 알람 어플이 많아요. 단순히 알람을 끄는 데 그치는 것이 아니라 수학 문제를 빨리 풀어야 알람이 꺼지는 기능도 있어요. 또 어떤 사진을 지정해놓으면 아침에 일어나서 그 사진을 똑같이 찍어야 알람이 꺼지는 기능도 있더라고요. 이런 어플들을 한번 활용해보세요. 그리고 시계든 휴대폰이든 손이 닿지 않는 곳에 두고 자야 아침에 좀 움직여서 끄고 잠도 깰 수 있어요. 또 알람 소리도 적응이 되서 맨날 똑같은 알람이 울리면 그게 오히려 새로운 자장가가 되기도 합니다. 그렇기 때문에 알람 소리도 익숙하지 않은 소리로 주기적으로 바꿔주는 게 좋습니다.

2. 눈 뜨고 일어나는 시간을 줄이기

눈을 뜨는 건 쉬울지 몰라요. 더 힘든 건 침대에서 벗어나는 거죠. 눈을 떠서 일어나는 데 걸리는 시간을 줄이는 방법이 여러 가지 있습니다.

베개 밑에 짧은 시간에 풀 수 있는 문제집을 넣어놓고 자는 것도 방법이에요. 눈 뜨자마자 그런 문제를 풀면서 잠도 확 깨고 공부에 도움도 많이 돼요.

스트레칭도 효과적인 방법이 될 수 있어요. 알람이 울리자마자 일단 상체를 일으켜서 기지개를 펴는 등 스트레칭을 해보세요.

사실 이런 것은 누가 강요하는 게 아니라 나와의 약속이라서 어기기도 쉬운데요. 나와의 사소한 약속도 못 지킨다면 목표를 이루기는 더 어려울 거예요.

3. 꿀잠 자기

푹 자야 다음 날도 집중해서 공부할 수 있기 때문에 잠을 잘 자야 해요. 그러려면 내 몸에 잘 맞는 수면 패턴을 찾는 게 중요한데요. 방학에는 학기 중보다 시간이 많으니까 실험을 해보세요. 예를 들어, 밤 10시에 자서 아침 7시에 일어나보고, 다음 날엔 밤 9시에 자서 아침 5시에 일어나보고, 이런 식으로 일주일 정도 기간을 잡고 해보세요. 언제 자서 언제 일어나야 다음 날 더 집중해서 공부할 수 있는지 최적의 수면 패턴을 찾는 겁니다.

숙면을 취하려면 수면 환경도 중요해요. 자신에게 맞는 온도나 베개 높이 등 잠자는 곳의 상태를 나에게 맞추는 것이 좋습니다.

4. 제3의 수단 이용하기

오로지 내 의지로는 절대 못 일어나겠다는 친구들이 있을 거예요. 그럼 주위 사람들의 도움을 받아서라도 일어나야 합니다. 먼저 가족에게 깨달라고 하는 방법이 있어요. 물을 끼얹어서라도 깨워달라고 부탁하는 거죠. 혹은 본인처럼 잘 못 일어나는 친구랑 잠 내기를 해보세요. 누가 일찍 일어나고 누가 덜 자면서 공부하는지 내기를 하면 효과적으로 잠을 자면서도 공부를 열심히 하는 동기부여가 됩니다.

또 다른 방법은 아침에 수업하는 학원을 등록하는 거예요. 내가 안 일어나면 우리 부모님이 피땀 흘려 번 돈을 버리는 겁니다. 이런 생각을 하면 안 일어날 수가 없어요.

사실 수면 방식이나 수면 시간에는 개인차가 있습니다. 그렇기 때문에 이런 방법들 중에 자신에게 맞는 방법을 찾아서 활용해보세요.

무엇보다 중요한 것은 의지입니다. 공부를 하는 첫 단계는 우선 일어나는 거예요. 첫 단계에서부터 무너져버리면 그다음 단계로 나아갈 수가 없겠죠. 그러니 매일 아침 의지를 다지며 벌떡 일어나기 바랍니다.

시험 기간에 절대 해선 안 되는 일이 있나요?

시험 기간에는 왜 그렇게 재미있는 게 많을까요. 공부 빼고는 다 재미있게 느껴지죠. 심지어 청소도 '꿀잼'이에요. 하지만 방심은 금물! 시험 기간에 절대 해서는 안 되는 것을 알아보겠습니다.

시험 전날 오후 4시 이후에 카페인 음료를 마시지 말자

카페인에 약한 사람은 시험 전날 카페인을 마시면 안 됩니다. 카페인에 강한 사람이라도 오후 늦게 카페인이 들어간 음료를 마시면 잠을 자도 숙면을 취하기가 힘들 수 있어요. 충분한 수면을 취하지 못하면 완전한 컨디션을 되찾을 수 없고, 그러면 시험도 잘 볼 수 없겠죠?

섣부르게 밤새지 말자

사람마다 체력이나 집중력의 차이가 있으니까 무조건 밤새지 말라고 말하진 못하겠어요. 하지만 자신의 페이스에 맞게 공부하는 게 중요해요.

시험 전날 에너지드링크까지 마셔 가면서 공부하면 공부를 열심히 하는 것처럼 느낄 수 있을지 몰라요. 그러나 밤을 새는 것에 익숙하지 않고, 밤을 샜을 때 컨디션이 안 좋아지는 사람이라면 절대 남들 따라 밤새지 마세요.

짧게라도 자지 않으면 머리가 정지된 것처럼 느끼는 사람도 있어요. 그런 사람이라면 시험 때 오히려 충분한 수면을 확보해야 하고요. 밤샘 공부를 무조건 해야 한다고 생각하지 말고 자신에게 맞게 페이스 조절을 했으면 합니다.

시험 전날 기름진 야식을 먹지 말자

시험공부를 하다 보면 당이 떨어져서인지 맛있는 음식이 당기죠. 그런데 카페인과 같은 이유로 밤늦게 기름진 야식을 먹으면 자는 내내 속이 부대껴서 숙면을 취하지 못하고, 역시 좋지 않은 컨디션으로 이어집니다. 배가 고프면 부담이 덜 가는 시리얼이나 삶은 달걀 정도 먹는 걸 추천할게요.

조급해하지 말고 계획한 대로 꿋꿋이 공부하자

시험공부를 할 때 막막해서 공부할 게 얼마나 남았는지 살펴보게 돼요. 5분, 10분마다 얼마나 남았는지 확인하느라 진도가 안 나가고, 너무 많이 남아 있어서 오히려 의욕을 잃기도 하죠. 진짜 중요한 건 여러분이 오늘 하기로 계획한 양을 얼마나 성실히 끝내느냐 하는 거예요. 그러니까 시험 전날일수록 여러분 자신을 믿고, 흔들리지 말고 꿋꿋이 공부하세요.

공부할 과목을 자주 바꾸지 말자

공부할 과목을 10분마다 바꾸는 경우가 있어요. 그런데 충분히 집중하기 위해서는 처음 5~10분은 지루해도 인내할 줄 알아야 해요. 책을 펴자마자 완벽하게 집중해서 공부하겠다는 생각이 더 불안하게 만들고 집중을 방해하거든요. 그러니까 처음 5~10

분은 워밍업이라고 생각하고 공부하기 싫더라도 조금은 참고 앉아 있길 바랍니다. 그렇다고 한 과목을 몇 시간씩 붙잡고 있으라는 건 아니고 최소한 30~40분은 꾸준히 보다 보면 집중도 더 잘되고 효율적으로 공부할 수 있습니다.

같공(같이 공부)이나 카공(카페 공부) 하지 말자

이건 사람마다 다르기도 하고 같이 공부해서 도움이 될 수도 있습니다. 같이 공부하면 서로 모르는 건 물어보고 의욕을 올릴 수 있으니까요. 학교에서 자습 시간에 같이 공부하는 건 괜찮을 수 있어요. 그런데 방해가 되는 경우도 있으니 주의해야 합니다.

공부할 때는 혼자 차분히 공부만 하고 의욕을 올리는 건 쉬는 시간에 할 수 있잖아요. 그러니까 각자 도서관이나 독서실 자리에서 공부하다가 잠깐 쉬는 시간에 서로 의욕을 북돋아주는 게 더 효율적일 수 있습니다. 또 시험이 얼마 남지 않은 시점에서는 서로 알려줄 수 있는 부분도 그리 많지 않을 거예요.

특히 카페에서 공부하면 집중을 방해할 요소가 너무 많아요. 앞에 있는 PC방도 보이고 맛있는 음식도 보이니까요. 이런 유혹에 쉽게 흔들리는 친구라면 더더욱 공부는 공부만을 위한 장소에서 하는 게 좋습니다. 독서실이나 학교 도서관, 우리 집 책상 같은 곳 말이죠.

짜증내지 말자

짜증을 내면 그 부정적 에너지들이 쌓여서 그게 어떻게 작용할지 모르는 거예요. 여러분이 공부를 하는 건 누구에게 잘 보이기 위해서가 아니라 여러분 자신을 위한 거잖아요. 그러니까 나의 미래를 위해 투자한다, 내 목표를 성취하기 위해 공부한다, 이렇게 생각하면서 긍정적인 마음가짐을 유지하는 게 좋습니다. 짜증을 내는 건 주변 사람들을 힘들게 하기도 하지만 나 자신에게 가장 안 좋은 영향을 미치게 돼요. 짜증을 내는 순간 불안정한 상태가 되어서 짜증이 짜증을 불러올 수 있습니다.

마지막으로 덧붙이자면, 인터넷을 삼갑시다. 유튜브나 웹툰, 페이스북 같은 걸 하나만 보자고 시작하면 하나가 2개가 되고, 다음 화가 됩니다. 그러니까 인터넷 근처에는 얼씬도 하지 맙시다!

'유리멘탈'이라서 너무 힘든데 어떻게 고치죠?

멘탈이 약한 사람을 유리멘탈이라고 하는데요. 멘탈이 약한 원인을 보면 비판받는 것을 두려워하는 경우가 많아요. 그런데 비 온 뒤에 땅이 굳는다고 하잖아요. 유의미한 조언을 해줄 수 있는 사람이 주변에 없다면 약한 멘탈이 변하기는커녕 더 심각해질 거예요. 칭찬만 듣겠다는 욕심이 오히려 여러분을 갉아먹을 수 있어요.

그러니 멘탈이 약한 걸 극복하기 위해서는 비판을 많이 들으려고 노력해보세요. 담임 선생님과 상담을 자주 하는 것도 방법이에요. 최대한 자기 자신을 다 표현하고 그것에 대해 피드백을 받는 거죠. 이런 식으로 해야 내 문제점을 정확히 파악하고 고쳐나갈 수 있어요. 그리고 마침내 그걸 고쳤을 때 여러분의 자신감이 회복돼서 멘탈이 단단해지는 겁니다.

아무리 빛나는 원석도 다듬어지지 않으면 시장에서 거래될 수가 없어요. 나를 좀 더 아름다운 보석으로 다듬자는 생각으로 비판을 두려워하지 말았으면 합니다.

학원 안 다니고 재수할 수 있을까요?

공부에 엄청 스트레스를 받으면서도 공부는 하지 않는 학생! 여러분 얘기라고요? 고3 내내 그렇게 지내다 결국 재수를 결심한 우리 크리에이터는 무려 독학재수로 고려대에 입학했는데요. 어떻게든 대학에 가야 한다는 마음으로 정말 열심히 공부했다고 합니다. 이 친구의 경험을 바탕으로 독학재수에 대해 이야기해 드릴게요.

나는 독학재수가 적합한 사람일까?

사실 학원에 가느냐, 안 가느냐는 자신의 성향을 파악해서 선택해야 해요. 외부의 압박이 있어야 공부하는 성격이라면 학원에 가는 게 좋고, 반대로 누가 시켜서 하는 걸 싫어한다면 혼자 공부하는 게 낫겠죠. 스스로 혹독하게 훈련할 수 있고 스스로 잘할 수 있다는 확신이 있을 때만 혼자 공부하는 걸 추천해요.

결국 가장 중요한 건 마음가짐입니다. '수능 만점을 받아야지'라는 생각으로 공부하세요. 그런 마음으로 공부를 하다 보면 '이런 건 안 나올 거야'라는 생각은 하지 않고 모든 걸 꼼꼼하게 하나하나 체크하게 되니까요. 그러다 보면 그냥 지나칠 부분도 다시 한 번 더 보게 되죠.

모든 생활 패턴을 수능 시간표에 맞춘다

독학재수를 하면 학원 시간 같은 데 얽매이지 않으니까 모든 생활 패턴을 수능 시간표에 맞추는 걸 추천합니다. 독서실에서 공부하는 경우를 예로 들어볼게요. 아침 7시에 일어나서 9시까지 독서실에 가요. 10시 반까지 국어 공부, 10시 반부터 12시까지 수학 공부를 하고, 점심시간 후부터 3시까지 영어 공부를 한 다음에 3시부터 5시까지 탐구 공부를 하는 거죠. 완벽하게 수능 시간표대로는 아니더라도 어느 정도 비슷한 패턴을 유지합니다.

그런 다음 5시 이후로는 그날 부족했다 싶은 걸 공부해요.

잠은 충분히 자도 괜찮아요. 우리 크리에이터는 항상 11시에 자고 아침에 7시에 일어났는데요. 어떻게 7시에 일어날 수 있었는지, 팁을 알려드릴게요.

우선 아주 시끄러운 알람이 울리는 자명종 시계를 마련해요. 아침 7시에 시계가 울리자마자 베개 밑에서 국어 화법, 작문 문제를 꺼내서 그걸 파트별로 2~3문제씩 바로 풀어요. 일어나자마자 머리를 바로 쓰니까 잠도 확 깨고 화법, 작문 공부도 의외로 많이 된답니다. 따로 화법, 작문 공부를 하지 않아도 될 정도로 말이죠.

일어난 뒤에는 밥을 먹고 9시까지 독서실에 도착해요. 국어와 수학 공부를 하다가 12시부터 1시까지 점심시간을 가지고 1시부터 7시까지 공부를 해요. 7시부터 8시까지는 저녁을 먹고 8시부터 10시까지 또 공부를 해요. 10시에 집에 돌아와서 씻고 11시에 잠드는 거죠. 깨어 있는 시간은 다 공부를 했다고 보면 됩니다. 몇 시간 공부했는지 따로 재지 않아도 될 정도로요. 눈 뜨고 있을 땐 공부만 생각할 정도로 간절함을 가지고 공부에만 집중하다 보면 잠에 대한 고민이나 집중이 안 되는 고민 등은 자연스럽게 없어지는 것 같아요. 후회 없이 살아보자는 생각으로 수험생활을 보내기 바랍니다.

학원 대신 인터넷 강의를 활용하자

학원을 안 다니다 보니 인터넷 강의(인강)를 많이 듣는 게 좋아요. 강의를 선택할 때 어느 선생님이 1타인지, 유명한지는 별로 중요하지 않다고 생각해요. 어쨌든 인강 선생님들은 기본적으로 실력이 증명된 분들이니까요. 중요한 건 나한테 맞는 선생님을 고르는 거예요. 1년 동안 그 선생님을 믿고 따라야 하고 강의 내용을 다 내 것으로 만들어야 하기 때문에 선생님을 고를 때 샘플 영상을 보고 나서 선택하는 게 좋아요.

그리고 강의를 하면서 이런 문제는 이런 방식으로 푸는 게 좋다고 설명을 하잖아요. 그 선생님을 믿고 따라 가기로 했으면 그냥 듣고 넘기지 말고 무조건 따라 해보세요. 문제를 풀 때 그 방식을 꼭 활용해서 문제를 푸는 거죠. 그렇게 하면 배운 게 내 것이 됩니다.

예제를 풀어줄 때도 그걸 듣는 데서 끝내지 말고 그 문제를 다시 스스로 풀어보세요. 그런 과정에서 공부도 되고 풀이 방법도 익힐 수 있어요. 그리고 Q&A 게시판을 적극적으로 활용하세요. 질문 쓰고 답변 받는 과정이 귀찮을지 몰라도 혼자 재수하면 물어볼 데가 마땅히 없거든요. 공부를 하다가 모르는 부분이나 헷갈리는 부분이 있을 때 표시를 해뒀다가 모아서 한꺼번에 질문하세요. 그때그때 질문한다고 인터넷 들어가면 괜히 딴짓을 하게 되니까요.

이때 주의할 것! 질문을 할 때는 구체적으로 질문해야 답변도 구체적으로 돌아옵니다. '저는 이걸 이러이러하게 생각해서 이런 답을 구했는데 왜 이게 아니고 이건가요?' 이런 식으로 구체적으로 나의 생각 과정을 적으세요.

재수를 해서 성공한다는 보장은 없어요. 오히려 고3 때보다 성적이 더 안 나오는 사람도 있어요. 그러니까 1년 더 공부하니까 당연히 성적이 오르겠거니 생각해선 안 됩니다. 내 인생에는 이 길밖에 없다는 절실한 마음으로 재수를 시작했으면 합니다.

학원을 많이 다닐수록 좋을까요? tip

학원에 있는 시간이 무조건 내 것이 되는 게 아니라는 걸 이해해야 해요. 수업을 들은 뒤에 그 내용을 정리하고 복습을 하는 시간이 바로 내가 공부하는 시간이에요. 학원은 도움을 주는 부수적인 수단일 뿐 절대 내 공부를 지배하는 존재가 되어선 안 돼요. 내 공부는 내가 하는 것이고 내가 주도적으로 이끌어 나가야 하는 것이기 때문에 현명하게 학원을 이용했으면 합니다. 지금 내가 학원에 끌려다니고 있다고 생각하면 학원을 줄이는 게 좋고요. 충분히 자습도 하고 학원에서 배운 것을 내 것으로 만들 자신이 있다면 필요한 학원 몇 개 정도 다니는 걸 추천합니다.

슬럼프에 빠져서 공부하기가 싫어요

공부를 하다 보면 '난 이 정도밖에 안 되는 사람인가?', '나는 해도 안 되는 건가?' 이런 생각이 들 때가 있어요. 슬럼프에 빠지는 거죠. 슬럼프의 두 가지 유형을 살펴보고 극복하는 방법을 알아볼게요.

1. 아무리 해도 성적이 안 올라서 힘든 경우

열심히 공부했는데 성적이 오르지 않으면 자책도 하게 되죠. 이럴 때는 내가 뭘 성취하지 못했느냐에 집중하지 말고 내가 뭘 이뤘느냐에 집중하는 게 좋아요.

노트나 다이어리를 펴놓고 아무리 사소한 것이라도 오늘 내가 이룬 것을 적어보세요. 예를 들어, '맨날 쉬는 시간에 노는데 5교시에는 영어 단어를 암기했다'라든가, 이렇게 정말 사소한 것도 괜찮아요. 이렇게 적다 보면 성적을 올리진 못했지만 전보다 나은 사람이 되어가고 있다는 걸 깨달을 거고, 그걸 통해 자존감을 높일 수 있을 거예요.

2. 내가 세운 계획을 실천하지 못하는 경우

플래너를 써도 계획한 것을 매번 실천하지 못해서 '나는 왜 이렇게 의지가 약할까' 하면서 슬럼프에 빠질 수 있어요. 그럴 때는 장기적인 목표가 아니라 단기적인 목표를 설정해보세요. 예를 들어, 일주일 동안 매일 8시 반까지 독서실에 가겠다는 목표를 세우는 거죠. 그리고 그 목표를 이뤘다면 좋아하는 음식을 먹는다든가 하는 식으로 자기만의 보상을 설정하는 것도 좋습니다. 이렇게 작은 목표 하나하나를 이뤄가면서 무언가를 성취했을 때 얻는 뿌듯함을 느끼면 장기적인 목표도 좀 더 쉽게 이룰 수 있을 거예요. 아직도 성취한 게 너무 없다고 생각하지 마세요. 지금까지 조금씩 성취해온 것이 큰 것이 되어 나중에 여러분에게 돌아갈 겁니다. 빠르게 쌓은 성은 쉽게 무너지는 법입니다.

슬럼프를 극복하는 방법으로 많이 나오는 얘기가 있죠. 그냥 쉬다 보면 어느 순간 조급해지고, 곧 알아서 공부하게 된다는 건데요. 슬럼프가 왔을 때 한없이 쉬는 건 좋지 않다고 생각해요. 그 시간도 너무 아깝고, 다음에 공부하기 싫어지면 또 놀게 되거든요. 그래서 주변 사람들의 조언이나 '팩트폭력'을 찾아 듣는 게 좋은 것 같아요. 엄한 말을 해줄 수 있는 선생님을 일부러 찾아간다든지 나를 자극해줄 원동력을 주변에서 찾았으면 좋겠어요. 플래너 앞표지에 자극되는 메시지를 적어놓아도 좋습니다. 반대로 선생님이나 친구들의 응원 메시지를 적어두고 힘들 때마다 그걸 보면서 힘을 낼 수도 있어요. 어느 쪽이 자신에게 더 자극을 주는지 판단해보고 실천해보세요.

인터넷 강의를 보고 나면 태블릿 PC로 딴짓을 해요

인터넷 강의(인강)를 듣기 위해 태블릿 PC를 사용하는 친구들이 많죠. 특히 와이파이 존에 입성하면 유튜브를 볼 수 있고 게임을 할 수 있고 노래를 다운받을 수 있잖아요. 이 세 가지가 있으면 시간이 정말 후딱 가요. 그러니까 태블릿 PC는 인강 듣는 용도로만 쓰세요. 그게 말처럼 쉽지 않다고요? 몇 가지 방법을 알려드릴게요.

학교의 벌점 제도처럼 나 자신과의 약속으로 상벌점 제도를 운영해보세요. 태블릿 PC가 있으면 사실 딴짓을 안 할 수가 없어요. 만약 그날 공부해야 하는 할당량이 있는데 인강을 듣고 나서 태블릿를 못 내려놓고 딴짓을 했잖아요? 그럼 딴짓 한 시간만큼 공부를 더 하고 잠을 자는 거예요. 7시간 공부하기로 했는데 2시간 동안 딴짓을 했다면 2시간 더 공부하고 자는 거죠.

그럼 그다음 날 피곤하지 않냐고요? 피곤하죠. 하지만 그건 내가 자초한 일이에요. 이런 일이 반복되다 보면 슬슬 '현타'가 옵니다. 2시간 게임한 것 때문에 2시간 더 못 자고 다음 날 너무 피곤하고, 수업시간에 자고…. 이런 생활이 반복되다 보면 스스로 피폐해지는 걸 느낄 거고, 그러면 태블릿은 쳐다보기도 싫어질 거예요. 물론 이 과정이 길어지면 문제가 되겠죠? 하지만 명심하세요. 그 과정이 길어질수록 여러분의 수험생활도 길어집니다!

벌을 줬다면 상도 줘야겠죠? 모의고사 날은 하루 종일 고생하고 머리 썼으니 그날만큼은 한두 시간 정도 태블릿을 사용하면서 쉬는 거예요. 단! 오답노트를 다 끝낸 후에 쉬어야 합니다. 왜 틀렸는지 기억해내려면 모의고사 끝나고 바로 오답노트를 작성해야 해요. 그러니까 오답노트를 끝내는 것까지가 시험이라고 생각하고 그 후에 쉬세요.

이처럼 상벌점 제도를 이용해서 태블릿과 조화를 이루며 공부해보세요. 물론 무엇보다 여러분의 의지가 뒷받침되어야 하겠죠?

#친구관계#학교생활

연고티비

친구관계에 신경 쓰느라 에너지를 많이 뺏겨요

인간관계는 항상 고민이죠. 사실 사람은 다 다르고 상황도 제각각이기 때문에 이렇게 하면 말끔히 해결된다는 속 시원한 해답은 없어요. 하지만 참고할 수 있도록 크리에이터들의 경험을 토대로 이야기해보려고 합니다.

해결 가능한 문제인가?

우선 내가 스트레스를 받고 있는 일이 해결 가능한 문제인지 파악하세요. 내가 스트레스 받는 것보다 해결하는 게 더 쉽다면, 해결하는 데 들어가는 노력이 더 적다면 즉시 해결하면 됩니다.

반면 해결할 수 없는 문제라면 그 과정에서 나오는 부정적인 감정을 역으로 이용하세요. '나한테 왜 이러는 거지?' 이런 분노를 공부하는 에너지로 승화하는 거죠. 그러면 분노가 최고의 동기부여가 될 수도 있어요. 예를 들어, 친구들이랑 뭉쳐 다니면서 스트레스 받는 나 자신이 너무 짜증난다는 학생이 있었어요. 그래서 그 친구는 쉬는 시간이 되면 바로 이어폰을 끼고 공부한다든가, 다른 교실에 가서 공부하기도 했대요. 짜증이 더 열심히 공부할 수 있는 동기가 된 거죠. 결과적으로 좋은 성적이라는 결과를 얻었고요. 제쳐뒀던 인간관계의 문제들도 1, 2년 지나면 오해도 풀리고 사이가 좋아지기도 해요. 지금 당장 문제를 해결하려고 안달복달하지 않아도 됩니다.

너무 눈치 보지 말자

생각보다 남들은 나에게 관심이 없다는 것을 기억하세요. 여러분은 같은 반의 친구들이 뭘 입었고 어떤 말을 했는지 다 기억하나요? 너무 눈치 보지 말고 하고 싶은 거 하면서 삽시다. 조금 더 대범한 마음을 가지도록 노력해보세요.

나는 나, 너는 너

나와 남을 비교하는 습관을 버려야 해요. 성적으로 비교할 수도 있고, 사소한 거 하나하나를 비교하는 건 정말 쉬운 일이에요. 이런 습관을 빨리 버리지 않으면 나한테 상처를 주고 나 자신을 갉아먹을 뿐이에요. 이건 어느 누가 대신 해줄 수 없어요. '나는 나고 너는 너야'라는 식으로 내가 독립적인 주체라는 것을 항상 명심하세요.

왜 자존감이 낮다는 사실에 더 자신을 낮춰 보고 상처를 받나요? 사회적으로 자존감을 높이라고 강요하는 분위기가 있는 것 같은데요. 어떤 사람은 키가 크고 어떤 사람은 키가 작은 것처럼 자존감도 높은 사람이 있고 낮은 사람이 있는 거죠. 그냥 그런 사람일 뿐 잘못된 게 아니에요. '빨리 자존감을 높여야 하는데' 하면서 오히려 스트레스를 받고 있진 않나요? 그러지 말고 있는 그대로의 나를 받아들이세요. '나는 자존감이 낮아. 그래서 이런 상처를 받는데 어떻게 하면 덜 상처 받을 수 있을까?' 이런 식으로 조금씩 바꿔나가는 데 초점을 맞추면서 더 행복해졌으면 합니다.

원만한 친구 관계를 유지하려면 어떻게 해야 할지 고민하는 친구들도 있죠. 여기에 대한 팁을 드릴게요. 이건 저희 크리에이터들의 주관적 경험에서 나온 거니까 모두에게 해당된다고 생각하지는 않았으면 합니다. 다만 이 친구들은 엄청나게 훌륭한 사람은 아니지만 대체로 좋은 인간관계를 맺고 있어요. 남들과 크게 부딪혀본 적도 없고요. 그건 다음과 같은 생각 덕분인 것 같습니다.

모든 사람에게 사랑받을 필요는 없다

모든 사람에게 사랑받을 필요는 없어요. 세상에 세 부류의 사람이 있다고 생각해요. 첫째, 나를 좋아하는 사람, 둘째 나한테 관심 없는 사람, 셋째 나를 싫어하는 사람.

나를 싫어하는 사람은 다시 두 부류로 나눌 수 있습니다. 이유 없이 그냥 나를 싫어하는 사람 혹은 타당한 이유가 있어서 나를 싫어하는 사람. 이유 없이 나를 싫어하는 사람한테는 신경 쓰지 않아도 돼요. 이유가 없다는 건 그 사람과 꼬인 매듭을 풀 방법이 없다는 거잖아요. 그러니 그런 데 굳이 감정을 소모할 필요는 없습니다. 나는 그 사람 없이도 살 수 있고 이걸 해결해서 나한테 득 될 것도 딱히 없으니까요.

고칠 수 있는 문제라면 고친다

이유가 있어서 나를 싫어하는 사람의 경우 그 이유가 뭔지 알아내려고 노력하는 게 좋겠죠. 사실 굳이 알려고 노력하지 않아도 어떤 방식으로든 귀에 들어오더라고요. 그 이유를 들어본 다음 고칠 수 있고 고쳐야 한다면 고치려고 노력하는 게 좋습니다. 반면 고치기 힘들고 납득하기 힘들다 하는 부분은 그냥 둬도 됩니다. 오래 유지하지 못할 모습을 남들에게 보이면서까지 인간관계를 개선하는 게 무슨 의미가 있을까요? 억지로 내 성격을 고치려고 했다가 가식이 될 수도 있잖아요.

남들과 친해지고 인간관계를 확장하는 것도 중요하지만 그 중심엔 항상 내가 있어야 합니다. 진실된 모습으로 다른 사람에게 다가가야지, 가면을 쓴 상태로 다가가서 친해져봤자 그건 오래가지 못할 테니까요.

다시 한 번 강조하지만 사람과 상황에 따라 해결 방법은 다를 수 있어요. 다만 이런 사례가 조금이나마 도움이 되었으면 합니다. 이에 더해 주변의 가족, 친구 등에게 조언을 구해서 다른 관점의 이야기를 들어보면 더욱 도움이 될 거예요.

친구가 별로 없어요

tip

무조건 많은 친구를 사귄다고 좋은 건 아닙니다. 정말 나를 좋아해주고 내 편이 되어주는 친구 몇 명만 있으면 충분하다고 생각해요. 그러니까 인간관계에 너무 스트레스 받지 않았으면 좋겠어요.

이런 경우도 있죠. 나는 이만큼 정을 주는데, 아무리 내가 좋아서 한다지만 돌아오는 게 아예 없으면 스트레스를 많이 받게 돼요. 너무 일방적인 관계라면 조금 조절할 필요는 있어요. 하지만 내가 베푼 건 언젠가는, 누구에게서든 돌아옵니다. 그렇게 믿고 너무 마음을 닫지는 않았으면 좋겠어요.

허리디스크 때문에 공부하기가 힘들어요

수험생들이 많이 가질 수 있는 건강문제 중에 흔한 게 허리디스크입니다. 허리디스크를 앓고 있는 사람이라면 알겠지만 정말 너무 고통스럽죠. 수업 시간에 소리도 못 지르고, 앉아 있긴 해야겠는데 다리가 너무 저려서 힘들고요. 그런 고통을 겪지 않으려면 어떻게 예방해야 할지, 그리고 만약 이미 허리디스크에 걸렸다면 어떻게 해야 하는지에 대해 말씀드리겠습니다.

바른 자세로 앉자

사실 디스크에 안 걸리는 게 가장 좋겠지만 허리나 어깨가 선천적으로 안 좋은데 앉아 있는 시간이 많은 수험생이다 보니 어쩔 수 없이 디스크의 위험에 노출됩니다. 그렇다고 앉아 있는 시간을 줄일 수는 없으니 바른 자세로 앉는 것이 중요합니다. 이 책을 보고 있는 여러분도 허리를 펴고 엉덩이를 의자에 붙여 앉길 바랍니다.

스트레칭을 하자

앉아 있는 게 허리에 가장 안 좋은 자세긴 해요. 그래서 몇 시간씩 앉아서 공부해야 하는 여러분은 간간히 일어나서 기지개를 펴거나 스트레칭을 하는 게 좋습니다.

운동량을 늘리자

무엇보다 추천하고 싶은 것은 걷기 운동입니다. 연고티비 크리에이터 중 허리 디스크로 고생한 친구가 있어요. 그 친구의 방법을 알려드릴게요. 그 친구는 월, 수, 금 야자가 끝나면 항상 4킬로미터 정도를 걸어서 집에 갔어요. 이때 일반적인 걷기가 아니라 보폭을 크게 해서 빨리 걷는 게 중요합니다. 6개월 이상 그렇게 했더니 허리디스크가 완치되진 않았지만 다리가 저리는 현상은 많이 사라졌습니다.

꼭 허리디스크가 아니더라도 건강문제로 고민하는 수험생이 많을 거예요. 건강해야 공부도 잘할 수 있고, 건강하기 위해서는 적당한 운동이 필수입니다.

걷기는 가장 손쉬운 운동법입니다. 수험생은 특히 산책 같은 걸 해줘야 해요. 그게 뇌 돌아가는 데도 많은 도움이 될 겁니다. 미리미리 운동하고 바른 자세를 습관화해서 건강하게 수험생활을 마무리하길 바랍니다.

교복을 편하면서도 트렌디하게 입을 수 있을까요?

모든 교복은 좀 불편하긴 해요. 그런 교복을 어떻게 하면 나에게 맞는 교복으로 만들어서 편하게 입을 수 있을까요? 먼저 교복 입는 유형을 알아보고, 편하면서 트렌디하게 교복 입는 방법을 알려드리겠습니다.

교복 편하게 입는 법

① 교복 치마에 단추를 하나 더 달자! 치마 허리 부분에 단추가 달려 있는데 배가 너무 압박된다면 끝에 단추를 하나 더 다세요. 그러면 수선하지 않고 허리 사이즈를 늘릴 수 있어요.

② 셔츠를 여러 개 사자! 그렇게 하면 여러 벌을 돌려 입을 수 있어요. 셔츠를 빨아놨는데 덜 마르는 일이 생길 수 있잖아요. 그럴 때 여벌이 하나 더 있으면 편리합니다. 그리고 셔츠는 목 부분이나 소매가 빨리 더러워지니까 여러 개 있으면 좋습니다.

③ 사이즈를 넉넉하게 사자! 당시에 딱 맞는 사이즈로 샀다가 체형 변화에 따라 더 살 일이 생길 수 있어요. 고3 때 교복을 사야 하는 일이 생기면 여간 아까운 게 아니에요.

교복과 함께 코디하기 좋은 아이템

① **떡볶이 코트**: 교복 위 아우터의 정석! 얼죽코(얼어 죽어도 코트)라면 겨울 내내 '떡코' 가능!

② **플리스**: 가을 되면 교실에서 색깔별로 볼 수 있다! 따뜻하고 스타일도 챙길 수 있는 잇 아이템.

③ **바람막이**: 독특한 바람막이와 교복과의 궁합은 찰떡! 입고 벗기 편하고 본인만의 스타일까지!

④ **워커:** 똑같은 흰색 운동화는 이제 안녕. 신발 하나로 깔끔한 분위기 완성!

⑤ **털양말:** 패션의 완성은 양말! 겨울에 두터운 양말 하나로 귀여움과 따뜻함을 동시에!

⑥ **검은색 티셔츠:** 비침 NO, 변색 NO, 편함 YES! 땀이 났을 때 셔츠를 금방 벗을 수 있어서 편리한 아이템!

졸업사진을 어떻게 하면 잘 찍을 수 있을까요?

5월이 되면 학교에서 졸업사진을 찍는데요. 어떤 컨셉으로 찍으면 좋을지, 어떻게 찍어야 내 얼굴이 잘 나올지 알려드리겠습니다.

① 사진기사님과 친해지기. 포토그래퍼와 친해져야 잘 나오는 각도라든지, 빛을 받는 각도라든지 잘 알 수 있거든요.
② 전날 많이 먹지 말고 일찍 일어나서 붓기를 빼고 가기.
③ 안면 스트레칭과 표정 연습을 하고 가기. 거울을 보면서 웃음을 연습하세요. 어떻게 웃어야 가장 자연스러운지 찾는 거죠.
④ 헤어스타일 변경은 2주 전에 미리 해놓기. 펌이나 매직을 한 지 얼마 안 되면 아직 익숙해지지 않아서 사진이 이상하게 나올 수 있어요.

잘 찍는 것을 넘어 컨셉을 잘 잡으면 사진을 살릴 수 있습니다. 그 해의 유행 포즈를 취하거나 각종 패러디를 할 수도 있어요. 유명한 작품이나 좋아하는 유튜버, 연예인을 따라 해도 좋습니다. 혹은 다 같이 점프를 하거나 해서 특정 모양을 구현하는 거죠. 또 소품을 활용할 수도 있습니다. 예를 들어, 비눗방울을 뿌려주면 예뻐요.
사진이 잘 나오는 것은 중요하죠. 인생에 길이 남을 졸업사진이니까요. 그렇지만 사진을 찍는 과정에서 친구들과 웃을 수 있는 추억거리를 만드는 것도 중요합니다.
고등학교 때 힘든 일도 많았지만 추억이 된 순간도 많아요. 여러분도 순간순간을 기억할 수 있었으면 좋겠어요. 고등학교 생활을 후회하느냐 마느냐, 평가의 잣대로 보지 말고 대학생활 하다가 문득 돌아봤을 때 이런 기억이 있었고 이런 경험을 했었구나 하면서 마음이 편안해지는 추억이 되었으면 합니다.

공부에 도움되는 아이템과 책상배치법

학교를 벗어나 집 또는 도서관에서 공부할 때 공부하는 공간에 대한 고민이 있을 거예요. 특히 수험생과 떼려야 뗄 수 없는 것이 바로 책상이죠. 그래서 앉자마자 집중할 수 있는 책상배치법을 알려드리겠습니다.

먼저 책상배치가 왜 필요할까요? 책상은 학창시절 유일한 나의 공부 공간이자 그 외에도 많은 것을 하는 공간이에요. 그런 만큼 책상이 잘 정리되어 있어야 효과적으로 공부할 수 있다고 생각해요. 공부하기도 바쁜데 매번 책상을 정리하느라 시간을 쏟기엔 아깝잖아요. 그리고 공부할 거리 외에 다른 것이 올라와 있으면 공부에 방해가 되기도 해요. 그렇기 때문에 책상을 나에게 맞는 최적의 상태로 만들어놓아야 공부의 효율성을 끌어올릴 수 있습니다.

책상 위에 배치해야 할 아이템 6

[타이머] 물론 도서관이나 학교에도 시계가 있어요. 하지만 내 공부 시간을 체크하거나 조절할 때 정확하게 측정하려면 나만의 시계인 타이머가 있는 것이 좋습니다. 책상에 올려놓거나 들고 다니기 좋은 크기의 타이머를 장만하는 걸 추천합니다.

[필통] 학생에게는 가장 기본적이고 필수적인 아이템인 필통은 개인마다 가지고 다니는 종류가 천차만별이에요. 그래서 반드시 이런 필통이 좋다는 건 없습니다. 여러분이 가지고 있는 학용품의 양이나 크기 또는 취향에 맞는 필통을 자유롭게 고르면 됩니다.

[포스트잇] 갑자기 떠오르는 것이나 잊어버리면 안 되는 것을 기록해놓는 나만의 기록 공간이 바로 포스트잇이에요. 반드시 내일까지 내야 하는 과제나 보고서 등 할 일을 빠짐없이 포스트잇에 적어놓으세요.
탐구 과목에 있는 자잘한 암기 사항들을 적어놓고 수시로 보는 것도 좋습니다. 포스트잇은 적당한 크기를 고르고 눈에 보이는 곳에 붙여서 거기 적힌 사항들을 잊지 않도록 합시다.

[간이 책꽂이] 학년이 올라갈 때마다 가지고 있는 책의 개수가 늘어나고 풀어야 하는 양도 많아지죠. 그렇게 때문에 서랍이나 사물함만으로는 책 정리하기가 힘들 수 있어요. 또 자주 쓰는 교재라면 가지러 가는 시간도 아깝죠. 이럴 때 간이 책꽂이를 책상 옆에 만들어놓으면 편리해요. 다만 간이 책꽂이는 독서실형 책상에서 쓰기 좋습니다.

[독서대] 좁은 책상에서 공부할 때 독서대를 사용하면 공간을 확보할 수 있어요. 교과서나 문제집, 유인물 등 참고할 자료를 독서대에 놓고 필기를 하면 편리해요. 혹은 인강을 보는 태블릿을 독서대에 올려놓고 봐도

편합니다. 게다가 독서대 각도를 잘 조정하면 목이 덜 아프고 거북목까지 예방할 수 있다는 장점이 있습니다.

[응원 문구/공부 자극 사진] 이런 것은 고개만 들면 보이도록 책상 바로 앞에 붙여놓으면 동기부여가 잘됩니다. 응원 문구는 보기만 해도 정신이 번쩍 드는 것이 좋겠죠. 공부 자극 사진은 좋아하는 연예인 사진이나 가고 싶은 캠퍼스 사진 등 사람마다 다를 텐데요. 그런 사진을 붙여놓고 목표를 이룬 그날을 상상하면 공부하기 싫을 때 자극이 되고 의욕도 생깁니다. 다만 너무 몰입해서 사진만 보고 있으면 오히려 방해가 되니 주의하세요.

아이템들을 책상 위에 배치해보자

타이머는 나의 시간을 체크한다는 느낌으로 정중앙 상단에 고정해놓습니다. 그런데 타이머가 신경 쓰여서 공부가 안 된다는 분도 있어요. 그런 사람은 타이머를 안 보이는 곳에 둬도 됩니다.

포스트잇은 빨리 필기할 수 있도록 손에 가까운 곳에 두세요. 오른손잡이라면 오른쪽에 두는 게 좋겠죠. 책꽂이는 부피가 크기 때문에 왼쪽 구석에 배치하면 공부 공간을 최대한 확보할 수 있습니다. 필통은 바로 앞에 두는 게 좋습니다. 다양한 필기구를 사용한다면 더더욱 가까이 두는 게 편리할 겁니다.

효율적인 책상 배치는 사람마다 차이가 있을 수 있어요. 내 공부 스타일은 어떤지, 책상 크기는 어떤지, 오른손잡이인지 왼손잡이인지에 따라서도 달라지겠죠. 그러니 다양한 배치를 시도해보고 나만의 공부 공간을 만들어보세요.

내신에 유리한 선택과목 고르는 법을 알려주세요

생활기록부를 어떻게 하면 알차게 채울 수 있을까요?

[Tip] 수시를 어디에 쓸지 어떻게 정하죠?

비교과는 어떻게 챙겨야 해요?

[Tip] 진로가 바뀌었는데 어떻게 하죠?

어문계열로 가려면 생활기록부를 어떻게 꾸며야 하나요?

[Tip] 교내대회에 많이 나가면 도움이 되나요?

내신 관리를 위한 단권화는 어떻게 해야 하나요?

고1 첫 시험을 망쳤어요. 저 대학 갈 수 있을까요?

[Tip] 여고는 내신 따기 힘들다고 하던데 정말인가요?

시험이 일주일 남았는데 공부를 하나도 안 했어요

[Tip] 시험기간에 밤새는 게 너무 힘들어요

기말고사가 3주 남았어요. 계획표 짜주세요!

기말고사 망했어요. 뭐가 문제일까요?

수시생을 위한 여름방학 활용법을 알려주세요

● 시험공부 늦게 시작했을 때 80점이라도 받는 법

내신 챙겨서 수시로 갈 거예요

- 수시 대비법 -

3장.

내신에 유리한 선택과목 고르는 법을 알려주세요

선택과목을 뭘 골라야 할까 고민하는 분이 많을 텐데요. 사실 (가)형/(나)형처럼 범위가 다른 것이 아니라면 쉬운 과목이란 없다고 생각해요. 인기 과목과 비인기 과목도 결국 상대적인 평가이기 때문에 1등급, 2등급에 들어가기 위해서는 다 노력이 필요합니다. 하지만 그래도 내신 성적을 받기에 유리한 선택과목을 선택하려면 고려해야 할 것들이 있습니다.

선생님, 선택한 학생 수, 내 실력을 고려하자

내신 같은 경우 선택과목을 고를 때는 우리 학교에서 그 과목을 담당하는 선생님, 우리 학교에서 해당 과목을 선택한 학생의 수, 그리고 내 실력을 고려하는 것이 중요합니다. 학교, 선생님, 과목에 따라 출제 스타일이 있으니 최근 내신 기출문제를 살펴보거나 선배들에게 물어봐서 특징을 파악해두는 것이 좋습니다. 만약 여러분이 특정 과목에 정말 자신이 있다면 그냥 그 과목을 골라도 되지만, 그게 아니라면 이런 사항들을 고려해보고 고르는 것이 좋겠죠.

일반적으로 응시생이 적으면 상대평가로 인해 1등급, 2등급 수가 적은 인원으로 제한되는 내신과 수능에서 불리하다고 볼 수 있어요. 하지만 과목의 특성도 고려해봐야 합니다. 만약 전체적으로 난이도가 너무 높아 응시생이 적었던 것이고, 오히려 나는 다른 몇 명보다 그 과목에 강점을 보인다면 그 과목을 택하는 게 더 유리할 수 있어요. 몇 명만 제쳐도 백분율로 봤을 때는 많이 제친 거니까요. 이렇듯 주변 응시생들과의 비교를 통해서 과목을 선택하면 됩니다.

가고 싶은 학과도 고려하자

대학교에 입학해서 하는 공부들에 있어 고등학교 선택과목은 큰 영향을 미칩니다. 기초가 되는 내용을 알고 있는 것과 모르는 것 사이에는 큰 차이가 있기 때문이죠. 대학교에 들어가 초기에 배우는 과목들도 모두 고등학교 교과과정 직후 나오는 내용이므로 고등학교 공부와 직결된다고 볼 수 있어요. 따라서 내가 희망하는 학과에서 다루는 내용과 조금이라도 접점이 있다면 수능과는 별개로 공부해두는 것이 좋습니다.

이과생이라면 주목!

과학탐구에서 물리/화학과 생명과학/지구과학 사이에는 차이가 좀 있습니다. 물리/화학은 보통 수학과 비슷하다고 느끼고, 생명과학/지구과학은 조금 더 암기과목 같다고 느끼는 사람이 많은 것 같아요. 이 점을 고려해서 본인의 취향에 따라 과목을 선택하는 것을 추천합니다.

생활기록부를 어떻게 하면 알차게 채울 수 있을까요?

수상 실적이 40개가 넘고 20개가 넘는 교내외 활동(행사 포함하면 59개)을 한 어마어마한 크리에이터의 이야기를 들어볼까요? 이 친구는 현재 연세대 언론홍보영상학부에 다니고 있는데요. 이렇게 활발하게 활동하면서 느낀 점을 바탕으로 생활기록부를 채우는 팁을 알려드릴게요.

활동보다 나 자신의 깊이가 중요하다

많은 활동을 하면서 가장 크게 느낀 점은 활동의 양과 깊이도 중요하지만 그 활동을 하는 자신의 깊이가 가장 중요하다는 거예요. 그래야 조금 더 양질의 깨달음을 얻을 수 있고 그런 깨달음 하나하나가 생기부에 들어가면서 나만의 매력이 되고 나를 뽑아야 하는 이유가 만들어지거든요.

그럼 깊이를 위해서는 과연 뭐가 필요할까요? 장래희망에 그치지 않고 내 인생의 목표, 즉 꿈이 필요해요. 자신의 장래희망 앞에 수식어를 달아보세요. 예를 들어, 그냥 '언론인이 되고 싶다'가 아니라 '사회에 도움이 되는 언론인이 되겠다'는 식으로요. 만약 아직 꿈을 찾지 못했다면 꿈을 찾기 위해 독서를 많이 하고 활동을 하세요. 만약 꿈을 찾았다면 그것을 구체화하기 위해 또 독서하고 활동하세요. 그리고 여러분이 꿈을 찾은 뒤에는 그동안 해온 모든 활동을 그 꿈과 계속해서 연결하세요.

"제 꿈과 관련 없는데 이런 활동들을 해야 할까요?" 하는 질문을 하는 학생이 많습니다. 무조건 하라고 말하고 싶어요. 관련 없어 보이는 활동도 하면서 무엇이든 배우게 되니까요. 팀원들과의 팀워크라든지, 사람을 대하는 태도라든지, 생기부와 연관된 게 반드시 나와요. 관련 없어 보이는 활동에서도 관련된 걸 찾아내는 역량을 기르세요.

꼭 학생회장이나 반장을 해야 학생부 종합전형에 유리할까

꼭 학생회장이나 반장을 할 필요는 없다고 생각해요. 그 활동을 대학을 가기 위한 수단으로 이용할 거면 하지 말았으면 좋겠어요. 대학을 가기 위해서는 여러 가지 활동을 할 수 있고 자기 자신에게 더 많은 시간을 쏟을 수도 있는데 전교회장 활동은 어찌 보면 내가 아닌 다른 부분에 더 신경을 많이 써야 하거든요. 전교회장을 정말 하고 싶고 학교를 내가 원하는 방향, 학생들이 원하는 방향으로 바꾸고자 하는 목표가 있어야 크게 스트레스 받지 않고 즐겁게 할 수 있을 거예요. 입시에 도움이 되니까 하겠다는 마음으로는 힘들 수 있습니다. 그러니 여러분이 하고 싶으면 해 보는 것도 좋지만 공부에 더 집중하고 싶다면 안 해도 괜찮다고 생각합니다.

동아리는 많이 들수록 좋은가

할 수 있는 건 다 하려는 의욕이 넘쳐서 동아리를 많이 들어서 활동하는 친구들도 있는데요. 그런데 정작 생기부에 들어가고 도움이 된 동아리는 몇 개 없을 수도 있습니다. 차라리 한 우물만 깊이 파는 게 더 좋을 수도 있어요. 내가 정말 하고 싶은 걸 찾아서 그것과 관련된 동아리에 들어가고 관련 역량을 조금 더 키운다면 자신의 꿈을 구체화시키는 데 도움이 될 거예요.

수시를 어디에 쓸지 어떻게 정하죠?

tip

수시의 기본은 내신이에요. 그런데 내 내신으로 어디에 갈 수 있을지 인터넷에서 찾아본다고 해도 확신할 수가 없어요. 그럼 신뢰할 수 있는 정보를 어떻게 찾을 수 있을까요?

우리 학교 선배들의 입시 결과를 확인하는 것이 좋은 방법입니다. 내가 내신이 3.0이라면 선배 중에 3.0이었던 사람이 어느 학교를 지원했고 합격했는가를 알고 있으면 지원할 때 척도로 삼을 수 있어요. 게다가 같은 학교 출신이니까 비슷한 활동이 많아서 기준으로 삼기가 좋아요.

'이 학교에 넣으면 붙을까?' 하는 게 가장 궁금할 거예요. 사실 이걸 아무도 알 수는 없지만 대입 전형을 많이 찾아보세요. 그리고 내가 그 전형이나 학교에 적합한 인재인지 학교를 보기 전에 나를 먼저 돌아보는 시간을 가져야 합니다. 입시 박람회도 가고 직접 찾아보면서 내가 어떤 사람인지, 내가 어디에 적합한 사람인지 알고 주변 사람들의 이야기도 많이 들어보세요. 나 혼자 생각하면 편협해질 수 있기 때문에 다른 사람 이야기도 경청하면서 보완해나가야 합니다.

그렇지만 수시에 100%는 없습니다. 정말 100% 붙는다고 믿는 학교가 있어도 떨어질 수 있어요. 다 여러분의 선택이고 책임도 자신이 져야 하니 불안한 것도 당연합니다. 그러니 수능도 포기하지 말고 끝까지 한다는 생각으로 달려가야 합니다.

비교과는 어떻게 챙겨야 해요?

수상경력, 개인 봉사활동, 자율동아리, 독서 등의 활동을 적는 비교과 활동은 어떻게 준비해야 할까요? 2024년도부터는 비교과가 대입에 반영되지 않지만 그 전에 입시를 준비하는 학생들을 위해 팁을 드리겠습니다.

관심 있는 활동을 하며 나만의 스토리를 만들자

고려대 환경생태공부 18학번에 수시로 입학한 크리에이터의 사례로 이야기해볼게요. 이 친구는 고2 때까지는 학생부종합전형(학종)과 정시를 한 6대 4 비율로 준비했었는데요. 내신을 한 달 전부터 정말 열심히 공부했고 다른 시간에는 수능 학원을 몇 개 다녔어요. 그래서 수능 공부는 그냥 학원 숙제를 해가는 정도로 했답니다. 고3 때는 완전히 정시에 '올인'했기 때문에 수능 10, 학종 0 수준으로 준비를 했고요.

1학년 때부터 목표가 연고대였고, 내신을 따기는 힘들었지만 모의고사 성적은 연고대에 갈 수 있을 정도로 꾸준히 나왔기 때문에 정시 전형으로 가는 게 더 맞는 길이라고 생각했죠. 하지만 사람 일은 어떻게 될지 모르기 때문에 고2 때까지는 내신도 열심히 챙겼고 학교생활을 최대한 충실히 하려고 노력했답니다.

이 친구는 비교과 같은 경우 환경과 관련된 활동을 많이 했어요. 환경 관련된 기사를 썼고 소논문 자율 동아리에서도 환경오염을 직접 해결해보는 실험을 해서 소논문을 썼습니다. 사실 학종을 크게 생각하고 있지 않았기 때문에 고2 때까지는 독서 활동은 대부분 친구들 따라서 가는 정도였어요.

그러다 고3 때 갑자기 학종을 선택하게 되었는데요. 보통 6월 모의고사 이후부터 수시 접수하기 전까지 수시 상담을 굉장히 많이 해요. 그때 '이 정도의 내신과 생기부면 고대 일반전형을 한 번 써봐도 괜찮을 것 같다'는 추천을 많이 받았어요. 그래서 수시 접수 일주일 전부터 자소서를 쓰기 시작했어요. 시간이 별로 없었기 때문에 평소에 했던 정시 공부량은 그대로 유지한 채 잠을 조금씩 줄이면서 정말 혼을 갈아서 자소서를 썼습니다.

이렇게 짧게 준비했지만 합격할 수 있었던 이유는 지원하는 학과에 맞는 환경 관련된 활동이 생기부에 많았고 생명과학 관련 활동도 꾸준히 많았기 때문인 것 같아요. 또 자소서에는 그 내용을 최대한 많이 뽑아내서 자신만의 스토리를 만든 게 많은 도움이 된 것 같아요.

학교생활을 여러 가지로 열심히 했지만 자신의 관심 분야에 관련된 활동이 많았던 거죠. 같은 학종 전형이어도 학생들의 생기부는 천차만별이에요. 그러니까 여러분도 자신만의 생기부를 만들었으면 좋겠어요.

누가 챙겨주길 기다리지 말고 스스로 움직이자

특목고, 자사고, 일반고 등 어떤 학교냐에 따라 활동할 수 있는 게 굉장히 달라요. 일반고 같은 경우에는 자기 목표와 관련된 활동을 할 수 있는 가능성이나 기회가 상대적으로 적거든요. 그래서 일반고에 다닌다면 자기 목표를 좁고 깊게 파는 것도 좋은 방법인 것 같아요.

일반고에 다니면 특목고, 자사고, 외고 학생들은 더 좋은 기회에 더 높은 퀄리티의 활동들을 하고 있을 것 같은 불안함이 들기도 하죠. 그래서 최대한 모든 활동에 열심히 하고 학교 활동에서 부족한 것은 직접 만들고 찾아서 하는 것이 좋습니다. 선생님들이 신경 안 써준다고 해서 넋 놓고 있으면 안 돼요.

생기부는 어떻게 보면 대학교가 나를 평가할 때 가장 먼저 보는 서류입니다. 나 자신을 보여주고 나의 관심사, 능력, 무기를 드러낼 수 있는 서류인 거죠. 그러니까 처음엔 포괄적인 관심사와 능력으로 시작해서 하나로 수렴되게 쓴다면 좋은 생기부가 될 것입니다.

여러분이 한 경험과 배운 것들을 하나하나 보여주는 과정이기 때문에 수많은 경험을 본인의 꿈, 하고 싶은 것과 계속해서 연결지으면서 생기부를 쓰다 보면 스토리가 자연스럽게 완성되고 보기 좋은 생기부가 만들어질 것입니다.

진로가 바뀌었는데 어떻게 하죠?

1, 2학년 때까지 언론 관련 학과를 준비하다가 고3이 되어서 아시아학과와 중문학과 쪽으로 진로를 변경한 크리에이터의 예를 들어보죠. 이 친구는 연대 아시아학부 19학번에 진학했는데요. 희망 학과를 바꾼 이유는 언론 관련 학과를 지원하기에는 성적이 좀 모자라서 현실적으로 선택한 것이었어요. 이 사태를 어떻게 해결할지 고민하다가 고3 올라가는 방학부터 준비하기 시작했죠. 이 친구가 문제를 해결한 방법은 두 가지입니다.

① 고3이 되기 전에 생기부 내용을 훑어보고 자소서 양식을 숙지하세요. 이 친구는 봄방학 때부터 본격적인 준비를 하면서 2학년 때까지의 생기부 내용을 정말 꼼꼼하게 훑어보았더니 학교에서 기본적으로 배우는 정치, 경제, 외국어 등이 중국의 정치, 경제, 언어와도 연결할 수 있겠다는 생각이 들었대요. 그러니까 그 전 생기부 내용을 지원하려는 학과와 최대한 연결해보세요.

② 미리 활동계획을 구체적으로 짜면서 생기부에서 부족한 부분을 메꿔나가야 합니다. 이 친구도 아무래도 그전까지는 중국에 대해 심층적으로 탐구한 활동은 없었어요. 그래서 방학 때 부족한 활동을 위한 동아리 모집을 시작했고 활동계획도 구체적으로 짜놓았어요. 그리고 고3 올라가자마자 동아리를 만들고 활동했어요.

그래서 실제 자소서에는 이렇게 썼어요. '1, 2학년 때 언론/뮤지컬을 통해 중국이나 일본에 관심이 생겼고 3학년 때 동아리 활동을 통해 중국에 관해 심층적으로 탐구했다. 이 탐구를 통해 이런 점을 느꼈다'는 식으로 썼어요. 결론으로는 이 친구의 꿈은 여전히 아나운서였기 때문에 '방송 언론인이 되어 소프트파워를 통한 한중일의 공공 외교에 기여하겠다', 이렇게 진로 계획으로까지 발전시켜 자소서를 완성했습니다.

어문계열로 가려면 생활기록부를 어떻게 꾸며야 하나요?

고려대 중어중문학과에 진학한 연고티비 크리에이터의 생활기록부는 총 29페이지였는데요. 생기부를 작성하기 위해 자신만의 스토리를 만들려고 노력했고, 중어중문학과로 진학하겠다고 마음먹은 뒤에는 그 스토리를 학과에 관련된 쪽으로 이끌어나가려고 노력했습니다. 이 친구의 예를 통해 어문계열 생기부를 꾸미는 팁을 얻어보세요.

일관된 독서 활동

이 친구는 일반 고등학교를 다니는 학생으로서 어떻게 하면 생기부를 알차게 만들 수 있을까 많이 고민했는데요. 그 결과 내린 결론은 바로 책이었습니다. 책을 단순히 독서활동에 적기 위해 읽은 것이 아니라 학교생활 전반, 생기부 전반, 자소서 전반에 나타날 수 있도록 활동의 깊이를 더하기 위해 읽었어요.

책에서 발췌한 부분을 활동의 사례나 참고하는 근거로 인용할 수도 있고요. 아니면 진로 희망의 계기로 책을 활용할 수도 있어요. '이 책을 읽고 감명받아서 이런 진로를 갖게 되었다'는 식으로 말이죠. 이처럼 책을 다른 활동들과 연결 지으려고 노력했습니다.

책을 읽을 때 주의해야 할 점이 있습니다. 이 책은 영어 보고서를 쓸 때 썼던 책이다, 이 책을 읽고 이런 진로에도 관심을 갖게 되었다, 하는 식으로 책을 읽는 명확한 이유가 필요합니다. 너무 중구난방으로 아무 책이나 읽으면 의미 없는 독서가 될 수 있고 시간낭비가 될 수 있습니다.

생활기록부를 적는 팁

[진로희망사항] 먼저 진로희망사항을 보면 진로희망에 적는 직업, 본인의 장래희망은 포괄적인 것에서 전문적인 것으로 좁혀가는

게 좋습니다. 예를 들어, 1학년 때는 언론인, 2학년 때는 미디어 홍보 · 마케팅 전문가, 3학년 때는 해외 특파원(중국), 사회부 기자로 적는 거죠. 언론인이라는 포괄적인 직업에서 시작해 결론적으로 전문적인 직업에서 끝이 났어요. 장래희망이 바뀌어도 상관은 없는데 좀 더 포괄적인 것에서 전문적인 것으로 가는 게 좋다고 생각합니다.

[창의적 체험활동상황] 자율 활동/동아리 활동/봉사 활동/진로 활동 항목이 있는데요. 이 항목을 쓸 때는 사소한 학교생활도 특별하게 만드는 과정이 필요합니다. 학교생활 자체를 열심히 하다 보면 이 항목에 쓸 것이 많이 생기고, 그에 따라 잘 완성될 수 있을 겁니다.

학교에서 어떤 활동을 할 때는 거기에서 그치지 말고 다른 활동과 유기적으로 연결해야 합니다. 그리고 거기에서 느낀 점을 구체적으로 적어야 합니다. 예를 들어, '뛰어난 글 솜씨로 학생회 내에서 공문서 작성을 담당하고 있으며'라고 썼는데요. 이것은 학생부 부장으로서 한 활동인데, 여기서 끝나는 게 아니라 '장르와 독자에 따라 문제를 달리 할 수 있는 능력을 함양하기 위해 꾸준한 글쓰기 연습을 거듭함'이라고 썼어요. 언어적 감각이나 글쓰기 재능이 있는 학생이라고 느끼게 쓴 거죠. 이런 능력은 어문계열 학생에게 장점이 되니까요.

[세부능력 및 특기 사항] 줄여서 '세특'이라고 하죠. 이 항목은 가장 중요한 항목이라고 생각하는데요. 여기서는 책을 많이 이용해서 내용을 탄탄하게 만들려고 노력했습니다. 단순히 한 활동에서 그치는 게 아니라 세특 내용을 창의적 체험활동, 진로희망과 유기적으로 연결하는 능력이 필요합니다. 그리고 바탕은 항상 수업시간에 진행되는 것이기 때문에 수업시간에 열심히 참여하는 것도 중요합니다.

이 친구는 법과 정치 시간에 발표를 했을 때 두 책을 사례로 제시했었는데, 그 이야기를 이 항목에 기록했어요. 문학 작품을 읽는 데 그치지 않고 다른 곳에도 활용한다는 인상을 준 거죠.

[수상 경력] 이 친구는 1.0~1.2에 해당하는 '극강'의 내신을 갖고 있지는 않았어요. 그런데도 고려대에 합격할 수 있었던 건 수상에 있다고 생각해요. 내신이 높은 학생들은 학업적 성취가 뛰어나다고 볼 수도 있지만 내신에서는 보여줄 수 없는 자신의 장점을 생기부와 자소서에 녹여내는 것이 중요해요. 수상으로 볼 수 있는 이 친구의 장점은 바로 글쓰기 부분인데요. 상의 개수가 많고 높은 등급의 상을 받았기 때문입니다.

① 생기부 전반: 책을 많이 읽는 학생이다 → 언어적 사고력이 뛰어나다

② 수상: 글쓰기 상이 많다 → 평소에 글쓰기를 많이 하는 학생이다

이런 스토리가 만들어지고, 그래서 어문계열에 적합하다는 흐름이 매끄럽게 이어지는 게 중요합니다. 학교에서 어떤 대회가 열린다면, 참여해서 입상을 하면 생기부나 자소서에 도움이 될 거예요. 이 친구는 수상하기 위해 일주일 전에 원고지를 사서 여러 가지 주제로 글을 써보았대요. 여러 가지 글을 모아놓은 뒤에 친구들과 글을 바꿔보면서 피드백을 하기도 하고, 완성된 글을 몇 가지를 만들었어요. 그리고 대회 당일에 나온 주제 중에 '내 글과 맞겠다' 하는 글을 그대로 제출했어요.

(※2024학년도부터는 수상경력, 개인 봉사활동, 자율동아리, 독서 등의 활동을 적는 비교과 활동은 대입에 반영되지 않습니다.)

생기부만 챙기면 공부는 언제 하냐고요? 시험 직후에 좀 여유로운 시간에 생기부를 챙기는 것이 좋습니다. 고1 때부터 생기부에 집착하기보다는 실력을 어느 정도 끌어올린 뒤에 수시로 대학을 가야겠다는 결론이 나오면 그때 집중해도 됩니다.

교내대회에 많이 나가면 도움이 되나요?

당연히 도움이 됩니다. 수상 경력을 생기부에 넣기도 하지만 그 상들이 모여서 하나의 테마가 되고, 그게 내가 어떤 사람인지를 보여주니까요. 외부 대회나 외부 자격증 같은 건 입학사정관제에서 못 쓰잖아요. 그래서 교내대회에 많이 나가면 생기부를 좀 더 채울 수 있고 자조서에 쓸 말도 생겨요. '남들과의 갈등을 어떻게 했느냐' 같은 질문에서도 교내대회 준비하면서 겪은 경험을 쓸 수 있는 거죠. 꼭 상을 타지 않더라도 대회를 준비하고 진행하며 마무리하는 과정에서 얻는 것들이 있고, 그게 다 수시에 도움이 됩니다.

내신 관리를 위한 단권화는 어떻게 해야 하나요?

단권화란 교과서, 문제집 등 여러 가지 책을 단 한 권으로 만드는 공부법입니다. 이렇게 단권화를 해놓으면 여러 책을 여러 번 볼 필요가 없어요. 한 권만 보고 공부하면 되니까 일단 시간이 절약되죠. 또 한 권에 정리를 하다 보면 불필요한 정보는 스스로 알아서 뺄 수 있기 때문에 역시 공부해야 하는 양과 시간이 줄어듭니다. 내신 공부를 할 때 큰 도움이 되는 단권화! 언제 어떻게 해야 하는지 알아봅시다.

시험 2주 전에 시작하자

단권화는 시험일에서 2주 전에 시작하면 되는데요. 보통 선생님들이 진도를 시험 일주일 전까지 나가잖아요. 그러니까 예전 수업한 내용과 함께 현재 진도 나가고 있는 내용도 매일 복습하면서 단권화하면 됩니다. 이렇게 하면 마지막 수업이 끝나면 단권화도 같이 끝나요. 시험 일주일 전부터는 한 권으로 시험공부를 다 할 수 있는 거죠.

공부를 하다가 쉬고 싶을 때! 그때가 단권화 하기 딱 좋은 시간입니다. 시험 전에 급하게 단권화를 하겠다고 덤비면 그건 교과서를 옮겨 적는 단순노동밖에 안 돼요. 그러니까 본격적인 시험 기간 전에 미리 단권화를 해놓고 그 노트 하나로 시험공부를 하기 바랍니다.

3색 펜으로 필기 내용을 구분하자

보통 단권화는 교과서나 노트에 합니다. 그런데 국어 같은 경우에는 지문이 엄청 길잖아요. 긴 지문을 노트에 다 옮겨 쓰는 건 시간 낭비가 될 수 있어요. 그런 경우에는 교과서에다 단권화를 하는 것도 좋은 방법입니다. 이처럼 과목과 상황에 맞게 하면 됩니다.

단권화를 할 때는 3색 펜을 사용하면 좋습니다. 크게 학교 필기, 문제집 내용, 학원 수업 필기로 나누고, 각각의 펜 색깔을 정해 메모하는 거죠. 학교 필기는 시험 공부할 때 가장 중요하니까 구분하고요. 문제집은 참고하는 용으로만 보기 위해 색을 구분합니다. 학원 수업 필기를 구분하는 이유는 뭐냐고요? 예를 들어, 국어는 시조를 어떻게 해석하느냐에 따라서 문제의 답이 달라지는 경우가 많은데 학원 선생님의 말이 학교 선생님의 말과 다를 수 있기 때문입니다.

이렇게 단권화를 해둔 뒤 초반에는 세 가지를 다 보다가 시험 직전에는 학교 필기만 보면 벼락치기를 쉽게 할 수 있어요. 그리고 한 학년을 가르치는 선생님이 여러 명인 경우가 있는데요. 그런 경우 선생님들이 하는 말이 조금씩 다를 수 있는데 그분들이 다 같이 문제를 내잖아요. 그럴 때는 다른 반 친구의 필기도 함께 써놓으면 좋습니다.

수능으로 넘어갈 때는 내신 공부하면서 정리해놓은 개념들 옆에 수능에 출시되거나 평가원 문제에 나왔던 개념에 대한 대표 문제, 수험생들이 많이 틀리는 문제, 새롭게 추가된 문제, 이렇게 세 가지 유형의 문제들을 스크랩해 붙여놓으면 좋습니다. 그러면 개념을 보고 문제도 바로 풀어볼 수 있어서 실전 연습을 해볼 수 있다는 장점이 있습니다.

고1 첫 시험을 망쳤어요. 저 대학 갈 수 있을까요?

고등학교에 진학한 뒤에 보는 첫 시험은 예상과 다르게 나오는 경우가 꽤 있죠. 같이 시험을 보는 친구들이 바뀌었으니까요. 하지만 너무 걱정하지 말고 마음을 다잡아야 해요.

발전을 위한 디딤돌로 삼자

너무 스트레스 받을 필요 없어요. 1학년 내신은 그렇게 큰 비중을 차지하는 건 아니어서 2, 3학년 때 충분히 올릴 수 있어요. 오히려 학년이 거듭될수록 내신이 오르면 서사가 추가되는 거예요. 성적 상승 곡선을 만들어서 자소서와 면접에서 어필할 수 있는 거죠. 보통 자소서 쓸 때 특색 있는 나만의 스토리를 만들라고 이야기하잖아요. 이렇게 발전하는 모습을 보여줌으로써 내가 잠재력과 가능성을 가지고 있다는 점을 어필할 수 있어요. 그러니까 지금 낙심하는 것보다 앞으로가 더 중요하다고 생각하세요.

그렇다고 해서 상승 곡선을 위해 1학년 때 굳이 낮은 점수를 받으라는 건 아니에요. 1학년 때 시험을 망치고 합리화해서도 안 돼요. 당연히 꾸준히 잘하는 게 좋지만 이미 망친 건 어쩔 수 없으니까 미래를 향해서 긍정적으로 끌어가자는 겁니다. 또 내신을 크게 안 보는 전형도 있거든요. 그러니까 최선을 다해보고 나중에 나한테 가장 유리한 조건으로 대학을 선택하면 됩니다.

1학년 때는 절대적인 공부량이 중요하다

1학년 때는 물리적인 공부량을 엄청나게 투입해서 일단 성적과 실력 자체를 상위권 궤도에 올려놓는 것을 목표로 하는 것이 좋아요. 또 친구들의 공부법을 듣고 참고하면서 진짜 나한테 맞는 공부법을 연구해나가는 게 좋습니다.

이런 식으로 터득한 나만의 공부법으로 3년 내내 노력을 이어가세요. 이렇게 하면 1학년 때보다 더 적은 시간으로 효율적인 공부를 할 수 있게 되죠. 고등학교 2학년 1학기 때까지의 내신이 끝까지 가는 경우가 많고 내신은 누적이다 보니 크게 변화시키기가 쉽지 않습니다. 하지만 대기만성형으로 2학년 2학기나 3학년 1학기 때 내신 성적을 확 높이는 친구들도 있어요. 그러니까 1학년 때 내신을 망쳤다고 절대 내신을 버리지 말고 끈질기게 노력하기 바랍니다.

고2 올라가는 겨울방학을 활용하자

고2로 올라가는 겨울방학을 효율적으로 활용해보세요. 수시를 목표로 하고 있다면 다음 학기에 어떤 동아리에 가입할지, 또는 어떤 동아리를 만들어서 활동할지 미리 계획하세요. 혹은 학사 일정을 미리 보고 어떤 대회에 참가할지, 어떤 책을 읽을지, 어떤 수업에서 어떤 주제로 발표할지까지 한 학기에 대한 계획을 어느 정도 세운 뒤에 개학을 맞이하는 거죠.

내신 성적을 올려놓으면 무엇보다 도움이 되는 건 멘탈 관리 부분이에요. 내가 지망한 학과에 지원할 수 있겠다는 희망과 안정감이 생기거든요. 그러면 부담감이나 낮았던 자존감을 조금

떨쳐낼 수 있고, 너무 큰 스트레스를 받지 않고 고3이 되어 대입을 준비할 수 있을 것입니다.

여고는 내신 따기 힘들다고 하던데 정말인가요?

tip

여고를 다닌 크리에이터의 이야기를 들어보면 여고에서 내신 따기가 힘들었다고 해요. 그렇지만 입시는 결국 나 혼자 하는 것이라는 것을 기억했으면 좋겠어요. 남의 시선을 너무 신경 쓰지 말고 자기 공부만 열심히 하면 됩니다.
노는 분위기에 잘 휩쓸리는 분이라면 여고를 추천합니다. 왜냐하면 여고는 공부하는 분위기가 딱 잡혀 있는 경우가 많거든요. 일반화할 순 없지만 대체로 열심히 하는 학생들이 많기 때문에 공부 습관이 확실히 잡히기는 하는 것 같아요.

시험이 일주일 남았는데 공부를 하나도 안 했어요

내신이 일주일 남았는데 지금 여러분이 해놓은 공부 상태를 보세요. 거의 되어 있지 않다고요? 그럼 며칠 남은 상황을 그냥 흘려보낼 것인가, 아니면 확 잡아서 성공할 것인가! 이런 경우 쓰는 방법이 바로 벼락치기죠. 그런데 벼락치기도 계획을 잘해야 합니다.

100시간 계획법

시험이 코앞에 닥쳤을 때 유용한 100시간 계획법을 소개해드리겠습니다. 100이라는 숫자는 뭔가 사람을 압박하는 재주가 있는 것 같아요. 그러니까 그 숫자를 이용해서 진짜 세세하고 나를 압박할 수 있는 계획표를 만드는 거예요.

우선 시험 전에 공부할 수 있는 시간을 찾아야 하는데요. 등교해서 1교시 전까지의 시간을 0교시라고 하면, 그 이후부터 한 교시마다 공부할 수 있는 시간이 확보되는 거잖아요. 시험 일주일 전인데 선생님이 수업을 하는 상황이라면 그 시간에는 X 표시를 해놓고 나머지를 다 빈 칸으로 만들어놓아요. 그게 내가 확보한 공부 시간인 거죠. 그 빈 칸에 오늘 무엇을 해야 할지 아주 세세하게 기록해요. '국어 고전시가 주제 외우기', '영어 본문 읽기'처럼 말이죠. 점심시간과 저녁시간도 칸을 만들어놓는데요. 1시간을 다 쓸 순 없으니까 0.5시간으로 계산해요. 이렇게 하면 하루 16시간이 확보될 것입니다.

하루 공부 가능한 시간 계산법

24시간-6시간(취침)-1시간(식사 시간)-1시간(기타 등등)=16시간

100시간 계산법

16시간(하루 공부 시간)×7(일주일) − 12시간(수업 시간)=100시간

월요일에 시험을 시작하는 경우 그 전 주 월요일부터 시작하면 대략 100시간이 될 거예요. 여기서 중요한 것은 하루가 지날 때마다 100시간 중에 '이제 87시간이 남았다', '73시간이 남았다' 하는 식으로 와 닿을 수 있게 시간을 세는 거예요. 이처럼 남은 일수가 아니라 남은 시간이 얼마나 되는지 명확하게 알 수 있도록 작성하면 경각심을 가질 수 있습니다.

아래 표를 참고하세요. 이대로 해도 되지만 자신의 시간표에 맞춰 변형해서 나만의 100시간 계획표를 만들어보세요.

	월	화	수	목	금
0 (1교시 전 자습 시간)	고전시가 주제외우기				
1교시 (8:30~9:20)	영어 본문 읽기				
2교시 (9:30~10:20)	~~국어 수업~~				
3교시 (10:30~11:20)	~~영어 수업~~				
4교시 (11:30~12:20)					
점심 (12:20~13:20) 0.5시간					

이번에는 시험 보기 전에 과목별로 몇 번을 공부할 수 있는지 알 수 있는 방법입니다.

6일	7일	8일	9일	10일	11일	12일
				국어시험	수학시험	영어시험

10일에 국어, 11일에 수학, 12일에 영어 시험을 본다면 9일에 뭘 공부해야 할까요? 바로 다음 날 볼 국어를 공부해야겠죠. 그럼 수학은 언제 공부해야 할까요? 그 전날인 8일에 공부해야겠죠. 영어는 또 그 전날인 7일에 공부해야겠고요. 그럼 6일엔 다시 국어를 공부해야겠죠.

6일	7일	8일	9일	10일	11일	12일
국어	영어	수학	국어	국어시험	수학시험	영어시험

매일 여러분의 시험에 맞춰서 과목을 배정해보세요. 오늘까지 말이죠. 그러면 그 과목을 시험 전에 몇 번 공부할 수 있는지 알 수 있습니다. 그런 다음 그 과목을 공부하는 날에는 확실하게 해

주고요. 공부할 게 별로 없거나 시간을 적게 써도 되는 과목이 있다면 그 과목을 공부하고 남는 시간에 다른 과목을 추가로 보충해줍니다. 만약 공부할 수 있는 날이 5일 남았다고 하면 남은 횟수에 맞춰서 공부 계획을 짜세요.

이렇게 공부하는 이유는 시험장에 자신 있게 들어가기 위해서입니다. 모르는 게 없다, 완벽하다는 생각이 들 정도로 계획을 짜고 머릿속에 넣어야 합니다. 그런 상태로 시험장에 들어가야 아는 것을 맞히고 모르는 것까지 맞힐 수 있습니다. 모르는 것도 내가 봤던 페이지 자체가 떠오를 때가 있어요. 혹은 확실히 틀린 보기를 소거해나가면서 풀 수도 있고요.

넓게 여러 번 보자

진정한 벼락치기는 시험 전날 하는 벼락치기 아니겠습니까. 오늘 시험을 쳤고 내일도 시험이 있는 경우가 있잖아요. 이럴 때 급하게 쓰는 방법이 있습니다. 시험을 치고 오후 1시쯤에 집에 돌아오는데 오자마자 이불을 펴고 잡니다. 눈을 뜨면 9~11시쯤인데 큰일 났다는 생각이 들어요. 그때부터 다음 날까지 쉼 없이 공부를 합니다. 뇌가 잠들지 않은 상태에서 시험을 보고 모든 걸 불사른 다음에 집에 와서 뻗는 거죠. 다음 날 또 시험이 있다면 또 1시부터 자요.

그렇지만 웬만하면 이렇게 하지 마세요. 몸에도 안 좋고 평소 규칙적인 생활을 한 사람에게는 독이 될 수도 있습니다.

벼락치기를 하면 밤을 새면서 새벽에 공부를 하잖아요. 그때 한 부분을 오래 보는 것보다 여러 부분을 수박 겉핥기식으로 보되 겉핥기를 천 번 정도 한다고 생각하세요. 한 부분을 깊이 공부하기보다는 여러 번 나눠서 보는 게 더 효과적이라고 생각합니다.

시험기간에 밤새는 게 너무 힘들어요

tip

그냥 맨 정신으로 아예 밤을 새는 것은 정말 어려워요. 그래서 일종의 '도핑'을 하는데요. 커피우유를 계속 마시다 보면 다음 날까지 잠이 안 온다는 친구도 있더라고요.

하지만 이런 것만으론 부족하죠. 이때 꿀팁은 운동을 하는 겁니다. 야자가 끝난 뒤 집 주변을 한 바퀴 도는 거죠. 운동을 하면 몸에서 엔도르핀, 아드레날린이 나오고 항산화 작용을 도와요. 잠깐의 운동이 새벽까지 버틸 수 있는 힘이 되어줍니다.

그런데 웬만하면 밤새는 건 추천하지 않아요. 저녁에 공부가 잘된다 싶을 때 막 밤을 새고, 그다음 날엔 꿀잠을 자는 친구들이 있어요. 그러다가 잠은 잠대로 못 자고 성적도 안 오르는 사태가 발생할 수 있습니다. 새벽에 공부가 잘된다고 생각했더라도 졸린 게 안 드러났을 뿐이지 뇌는 이미 자고 있을 확률이 높아요. 자고 있는 뇌에 밀어 넣어도 다 나와버릴 가능성이 높습니다.

물론 가장 좋은 건 밤샐 일이 없도록 미리미리 공부하는 거겠죠.

기말고사가 3주 남았어요. 계획표 짜주세요!

기말고사가 3주 정도 남은 시점에서 계획표를 짜보겠습니다. 고등학교 때 전교 2등을 했고 연세대에 진학한 친구의 계획법인데요. 보편적인 방법이기 때문에 누구나 활용할 수 있을 거예요.

3주 계획법 유의사항

① 수업 시간에 들은 내용이 있어야 합니다. 조금이라도 들은 게 있어야 3주 만에 달성하는 게 훨씬 쉬워지고 질이 높아집니다. 지금까지 수업을 전혀 안 들었다고요? 아직 3주 남았잖아요. 그동안에도 계속 수업을 나가는 선생님이 분명 있을 거예요. 지금부터라도 수업을 열심히 들어서 후반부는 편하게 더 공부할 수 있도록 해봅시다.

② 시험 기간 동안 공부할 총량을 파악해야 합니다. '내가 이 과목에 얼마나 투자해야 당당하게 시험을 보러 들어갈 수 있을까' 하는 고민을 해보고 과목별로 얼마만큼 공부해야 하는지를 파악하는 겁니다. 국어는 3~4회독을 하고 들어가자, 수학은 어디까지 풀고 들어가자는 식으로 구체적으로 생각해야 해요. 그러면 한 주에 공부할 내용을 계획할 수 있고, 그래야 내가 뭘 어떻게 해야 할지 명확하게 보입니다. 이렇게 해야 계획표를 짜기가 쉽고 나중에 후회할 일도 적어집니다.

3주 계획 세우는 법

그럼 본격적으로 3주 계획표를 짜보겠습니다. 시험 날짜를 7월 4일(목)부터 7월 9일(화)까지라고 해보죠. 앞서 벼락치기 방법에도 나온 '거꾸로 계획법'이 필요합니다. 해당일에 어떤 과목을 보는가에 맞춰서 공부할 것을 배열하는 거예요.

일	월	화	수	목	금	토
9	10	11	12	13	14	15
16	17	18	19	20	21	22
23	24	25	26	27	28	29
30	1	2	3	4 기벡 한국사	5 화작 지구과학	6
7	8 영어 생명과학2	9 화학2 과제연구				

4일에 기벡과 한국사를 보니까 이 둘을 3일에 공부해야 해요. 왜냐하면 다음 날 시험을 보니까 그 전날 공부해야겠죠. 2일에는 화작과 지구과학을 공부해야 하고, 1일에는 영어와 생명과학2를 공부하고, 6월 30일에는 화학2와 과제연구를 하는 거예요. 6월 29일에는 다시 기벡과 한국사를 공부하고, 이런 식으로 오늘까

지 거슬러가세요. 끝까지 해보면 다음과 같이 되겠죠.

일	월	화	수(현재)	목	금	토
9	10	11	[3주 전] 12 화작 지구과학	13 기벡 한국사	14 화학2 과제연구	15 영어 생명과학2
16 화작 지구과학	17 기벡 한국사	18 화학2 과제연구	19 영어 생명과학2	[2주 전] 20 화작 지구과학	21 기벡 한국사	22 화학2 과제연구
23 영어 생명과학2	24 화작 지구과학	25 기벡 한국사	26 화학2 과제연구	27 영어 생명과학2	[1주 전] 28 화작 지구과학	29 기벡 한국사
30 화학2 과제연구	1 영어 생명과학2	2 화작 지구과학	3 기벡 한국사	**4** **기벡** **한국사**	**5** **화작** **지구과학**	6
7	**8** **영어** **생명과학2**	**9** **화학2** **과제연구**				

이렇게 하면 시험 당일이 될 때까지 한 과목을 몇 번 볼 수 있는지 알 수 있어요. 그래서 눈에 보이게 공부 계획을 설정할 수 있다는 장점이 있습니다.

그럼 이제 실제로 주마다 공부를 어떻게 해야 할지 설명해드리겠습니다. 3주 전부터 거꾸로 공부법을 실시한다고 말했지만 계획한 과목에 목을 맬 필요는 없어요. 3주 전에는 모든 과목의 내용을 천천히 곱씹으면서 1회독 합니다. 수업 시간에 집중을 하면서 남는 시간에는 계속 교과서나 개념서를 읽습니다. 정해진 과목보다는 1회독 하는 데 초점을 맞추는 거죠. 1회독을 해보면 이 과목을 공부하는 데 시간이 얼마나 걸리는지 체감이 돼요.

2주 전부터 진짜 시작입니다. 만약 20일에 지구과학을 다 못 하고 다음 날이 되었다고 해봅시다. 그런데 21일에 해야 할 한국사는 내가 어느 정도 자신이 있다 싶으면 지구과학을 21에도 좀 해도 돼요. 이런 식으로 그날 정해둔 과목을 공부하되 융통성 있게 변경해도 됩니다.

이번에는 과목별로 짚어보겠습니다.

과목별 계획표

[수학] 3주 전(6월 12일~19일): 3주 전에는 개념을 완벽히 해놓자는 생각으로 공부하고 그 사이사이에 문제를 푸는 건 여러분의 자유입니다.

2~1주 전(6월 20일~7월 3일): 이때는 계속 문제풀이를 하면서 모르는 개념은 체크해서 머릿속에 넣으면 됩니다. 기백을 공부하기로 정한 날에 시간이 좀 많이 걸리는 걸 하세요. 오답 체크를 하거나 고난도 문제 풀이를 하는 시간을 가지는 게 좋습니다.

[한국사] 한국사는 암기과목이에요. 그렇기 때문에 한 번이라도 더 눈에 익혀놓는 게 중요해요. 3주 전에는 한국사 교과서를 1회독을 하고요. 2주 전부터 2~3회독을 합니다. 예를 들어, 3회독을 하기로 했다면, 교과서를 반으로 잘라서 21일에 앞부분을 보고 25일에 뒷부분까지 다 봐요. 이러면 2회독이 되었기 때문에 머릿속에 일단 탑재가 된 거예요. 다음 한국사 공부 일에는 전체를 다 읽어요. 시간이 오래 걸리더라도 그런 시간을 가지면 좋습니다.

시험 전날인 7월 3일에는 문제의 보기들을 하나하나 다시 살펴봐요. 혹은 사료 같은 걸 한 번 더 살펴보면서 '이런 키워드가 나오면 이 사건이네' 하는 걸 알아두면 좋습니다.

[국어] 국어는 일단 수업시간에 필기를 완벽하게 해놓았다는 가정을 해야 해요. 지금 필기가 안 되어 있다면 친구한테 빌려서 빨리 필기하세요. 그런 다음에 고전시가 같은 건 포털사이트에 검색하면 다 나오거든요. 그걸 인쇄해서 노트에 붙여놓고 교과서에 했던 필기를 그 노트에 옮겨 적으면서 공부를 합니다. 이렇게 공책에 단권화하는 작업을 3주 전에 끝내야 합니다.

2주 전에는 어떻게 해야 할까요? 문학과 독서로 나뉘는데 문학의 경우에는 여러분이 스스로에게 약속을 하고 하루에 한 번씩 읽어요. 2주 전 첫날(6월 20일) 하루 동안 독서 파트를 1회독을 하면 좋습니다. 양이 너무 많아서 다 못 봤다면 다음 날, 혹은 전날 시간이 좀 남을 때 보충하면 됩니다. 오늘 할 공부량을 다 못했다고 해서 너무 당황하거나 흔들릴 필요는 없어요.

[영어] 만약 6월 모의고사의 내용이 시험에 들어간다고 하면 곤란해지죠. 그런 경우에는 3주 전 영어를 공부하는 첫날(6월 15일) 하루 만에 모의고사 해설 강의를 보면서 1회독을 하면 좋습니다. 그런 다음 영어를 공부하는 두 번째 날(6월 19일)에는 수능특강이나 교과서를 1회독 하고요.

2주 전인 6월 20일부터 7월 3일까지 모의고사와 수능특강을 꾸준히 읽으면서 문법과 단어를 체크합니다. 시험 직전인 7월 7일에는 출제자의 시선에서 시험 문제를 예측하면서 공부합니다. '이건 문장 삽입 순서 배열로 나오기 좋겠다' 하는 식으로 모든 문제를 분석해보면 내용이 머릿속에 정리가 됩니다.

[탐구] 탐구 과목의 공통점은 개념이 가장 중요하다는 점이죠. 3주 전, 2주 전에는 교과서나 수능특강, 개념서 등을 최대한 많이 회독하는 게 좋습니다. 1주 전부터 문제풀이에 돌입합니다. 몰랐던 개념이 있으면 다시 체크하세요.

그래도 고난도 문제가 하나씩 나오는데요. 사회문화 같은 경우에는 표 문제가 대표적인 어려운 문제라고 하죠. 고난도 탐구 문제는 개념을 알아도 어려워요. 그런 문제는 학교에서 선생님이 있을 때를 적극적으로 활용하면 시간을 절약할 수 있어요.

이런 계획법이 완벽한 방법이 아닐 수도 있고 여러분에게는 안 맞는 방법일 수도 있어요. 하지만 아무 대책이 없는 분들에겐 최상의 방법이 될 수도 있을 것 같아서 소개해드렸습니다. 마지막으로 1회독을 할 때는 진도 나간 분량까지만 해도 되고, 선생님한테 물어볼 수 있으면 진도를 미리 물어봐서 해도 됩니다. 만약 시험 시간표가 아직 안 나왔다면 중간고사 시간표와 비슷한 경우가 많으니 참고하세요. 혹은 나한테 부족한 과목과 암기과목을 1회독 하는 걸 목표로 공부하면서 시간표를 기다리면 됩니다.

기말고사 망했어요. 뭐가 문제일까요?

기말고사가 끝나고 내가 예상했던 성적보다 낮은 점수를 받았다면 내가 왜 그 점수를 받았는지, 왜 이런 문제들을 틀렸는지 이유를 생각해보는 시간이 필요해요. 여기서는 기말고사를 왜 망쳤는지, 일반적인 이유에 대해 알아보겠습니다.

절대적인 공부량 부족

여러분이 책상 앞에 앉아 있을 때 진짜 공부만 하는 시간이 많을 거라고 생각하나요? 아닙니다. 여러분이 앉아 있는 시간과 실제로 공부하는 시간은 다릅니다. 인터넷 강의를 보려고 노트북을 펴면 정말 인강만 보나요? 인터넷도 하고 유튜브도 보고, 좋아하는 아이돌 영상도 보니까 실제로 공부하는 시간이 많이 적을 거예요. 그런데 앉아 있다는 이유만으로 시험공부를 많이 했다고 착각하는 거예요. 이런 태도를 고치기 위해서는 구체적인 계획을 먼저 세우고 실제로 공부한 시간만을 객관적으로 파악해야 해요.

눈으로만 암기하는 습관

보통 교과서나 부교재에 나와 있는 지문 같은 것을 읽으면서 공부하잖아요. 그러곤 '이 정도 공부했으면 시험장 들어가서 대충 기억나서 풀 수 있겠지'라고 생각하는 친구가 많아요. 그러나 절대 아니에요. 막상 시험장에 들어가서 시험지를 보면 기억이 안 나요. 대충 눈으로만 읽는 습관은 오히려 공부했던 것을 헷갈리게 만들 수 있습니다. 그렇기 때문에 눈으로만 보지 말고 소리 내서 말하거나 손으로 쓰면서 공부하는 습관을 들이세요.

팁을 드리자면 백지를 펼쳐놓고 내가 외운 것을 써보는 거예요. 오로지 내 기억력에 의존해서, 내가 암기했던 것에만 의존해서 아무것도 보지 않고 써야 합니다. 처음에는 조금밖에 못 쓸 거예요. 하지만 한 번 써보고, 다시 외우고 이렇게 반복하다 보면 어느 순간 백지를 가득 채우는 순간이 옵니다. 그때 여러분은 시험을 볼 자격이 있는 거예요.

과목별로 시험 망하는 이유

[수학] 수학은 시간이 부족해서 시험을 망치는 경우가 많아요. 난이도가 어려운 문제에서 좀 고민하다가 결국 못 풀고 찍어서 내는 경우라면 상관이 없어요. 그런데 난이도가 애매한 문제에서 고민하다 시간이 지나서 뒤에 내가 풀 수 있는 문제가 남아 있는데 못 풀고 그냥 제출해버리는 거예요. 그러면 얼마나 아쉬워요.

이런 문제를 해결하는 첫 번째 방법! 쉬운 문제는 빠르게 풀고 넘어가는 것입니다. 그리고 난이도가 애매하고 좀 오래 걸릴 것 같다 싶은 문제, 아직 풀이과정이 안 떠오른다 싶은 문제는 별표를 치고 과감하게 다음 문제로 넘어갑니다. 자신이 풀 수 있는 문제를 완벽하고 빠르게 풀어놓고 남은 시간에 별표 쳐놓은 문제로 돌아가서 고민하는 거죠.

두 번째 방법은 서술형을 노리는 것입니다. 서술형은 내가 굳이 답을 도출하지 않고 풀이과정만 쓰더라도 부분점수를 받을 수 있어요. 내신이라는 게 사실 몇 점 차이로 등수나 등급이 갈리기도 하잖아요. 그러니까 풀이과정은 어느 정도 써서 낮은 점수라도 받는 게 좋겠죠?

[영어] 영어는 지문을 완벽하게 숙지하지 못해서 틀리는 경우가 많아요. 시험시간은 50분 정도밖에 안 되는데 수많은 지문을 하나하나 다 읽으면 시간 안에 문제를 다 풀 수가 없어요. 그래서 지문을 완벽하게 숙지하고 시험장에 들어가야 합니다.

교과서나 부교재에 나오는 지문을 숙지해야 하는데 그것 전체를 통으로 달달달 외울 필요는 없어요. 내신 지문도 변형해서 나올 수 있으니까요. 다만 첫 한두 문장을 보고 '이게 이런 내용이었지!' 하고 내용을 떠올릴 수 있을 정도로만 숙지하면 됩니다. 이 정도만 해도 주제 파악이나 제목을 추론하는 문제는 충분히 맞힐 수 있어요.

또 많은 분이 문법을 어려워하더라고요. 왜 그렇게 문법을 많이들 어려워할까요? 보통 문법을 공부할 때는 문법이 포함된 한두 문장만 보고 공부하잖아요. 그렇게 보는 건 쉬워요. 그런데 문장이 지문 안에 들어가 있을 때 지문 전체에서 그 문법을 찾아내기란 쉬운 일이 아닙니다. 눈에 잘 안 들어오거든요. 그러니 공부를 할 때 지문에 사용된 핵심 문법의 개념을 확실하게 정리하고, 중요한 문법은 형광펜으로 표시하며 '이 문법이 어디에 포함되어 있는지' 눈에 익히세요.

[국어] 국어는 다양하게 해석될 여지가 많은 과목이에요. 그래서 자신의 판단, '뇌피셜'로만 문제를 푸는 경우가 많은데 그러면 절대 안 돼요. 국어 시험의 답은 지문과 선생님의 수업 내용에 있습니다.

어떤 답을 골랐을 때 답에 좀 더 확신을 갖기 위해서는 그 지문 속에서 이 선지가 왜 맞는지 정확하게 근거를 연결해서 찾아야 해요. 예를 들어, 문제를 풀다가 선지 중에 2번과 5번이 헷갈린다고 해봅시다. 그런데 둘 다 내 느낌으로는 맞는 답인 것 같아요. 이처럼 답이 긴가민가할 때는 지문으로 다시 돌아가서 지문 속에서 근거를 찾으세요. 2번은 지문 속에서 근거를 못 찾겠는데 5번은 확실하게 지문에 그 내용이 있다, 그러면 5번이 바로 정답인 거예요. 이런 식으로 확실하게 근거를 찾아서 답을 도출해내야 합니다.

그런데도 답이 애매하다면? 그럴 때는 선생님의 수업 내용을 떠올리세요. 내신 시험은 선생님들이 직접 내는 문제이기 때문에 선생님이 수업한 내용과 일치하는 내용이 답일 확률이 매우 높아요. 서술형 문제의 경우에도 선생님이 수업에서 알려준 키워드를 포함시켜서 답을 적으면 좀 더 좋은 점수를 받을 수 있을 겁니다.

시험을 보고 나면 아쉬울 때도 있어요. 하지만 이번 시험을 조금 못 봤더라도 다음 시험에서 충분히 만회할 수 있으니까 너무 좌절하지 마세요.

다만 경계해야 할 것도 있습니다. 바로 자기합리화를 하는 거예요. 내가 시험을 못 봤다는 현실을 직시하지 않고 '내가 실수해서 이번엔 좀 못 봤어'라거나 '공부를 했는데 내가 덜 본 부분에서 문제가 나왔어'라는 식으로 자기합리화를 하게 되면 자신이 어느 부분에 약한지 찾지 못하고 다음 시험에서도 똑같은 실수를 반복하게 돼요. 기말고사가 끝났다면 이제 나의 취약점이 뭔지를 좀 더 냉철하게 파악하는 시간이 필요합니다. 그런 부분을 찾고 보완할 수 있게 공부 계획을 짜기 바랍니다.

수시생을 위한 여름방학 활용법을 알려주세요

수시생은 방학 동안 준비할 게 아주 많을 거예요. 우선 여름방학이 시작되기 전에 자신이 희망하는 6개의 카드를 대략적으로 정해놓으면 좋습니다.(절대적인 기준은 아니니 아직 확정하지 못했어도 걱정 마세요!) 그럼 수시생은 여름방학을 어떻게 활용하면 좋을지 알아보겠습니다.

첫째 주: 6개 전형의 특징을 파악한다

방학 첫째 주에는 미리 정해놓은 6개의 전형이 어떤 특징을 가지고 있는지 파악해야 합니다. 이 전형은 면접을 더 중요시한다든가, 자소서를 더 중요시한다든가, 이런 부분을 알고 준비를 하는 거죠.

어느 정도 파악을 하고 나면 내 생기부를 펴놓고 자소서에 어떤 항목이 들어가면 좋을지, 혹은 생기부에 없던 이런 항목을 넣으면 좋겠다, 하는 것을 생각하세요. 이것을 6개 카드의 특징에 맞춰서 항목을 정리하면 됩니다. 이 활동을 5일에서 일주일 정도 잡고 하는 거죠.

둘째 주: 메인 자기소개서를 쓴다

둘째 주가 되면 나의 메인 자소서를 써요. 정리해놓은 항목들과 특징들을 바탕으로 쓰면 됩니다. 자소서는 제출 전까지 계속 검토해야 하니 완성에 부담을 갖진 마세요.

(※ 2024학년도부터는 자기소개서가 폐지됩니다.)

면접에 자신 없다면 여름방학부터 준비한다

다음 관문은 면접인데요. 아직 정해진 건 없겠지만 자신의 특성을 살펴보면 도움이 될 것 같아요. 말하는 거나 발표에 부담이 없다면 꼭 여름방학 때부터 준비할 필요 없이 1차 합격한 뒤에 전형에 맞춰서 준비를 해도 괜찮아요. 하지만 면접에 자신이 없는 친구들은 여름방학 때부터 준비를 시작하더라고요. 말하는 연습을 한다거나 1대 다수의 면접 상황을 실제로 마련해서 준비하는 거죠.

공부도 놓치지 말자

자소서나 면접도 중요하지만 사실 가장 중요한 건 공부입니다. 최저 성적에 맞추지 못하면 자소서나 면접은 아무 의미가 없어지니까요. 다른 활동들을 차근차근 완료해나가는 것도 정말 중요하지만 기본적으로 수능의 감을 잃지 않을 정도의 공부는 꾸준히 하기 바랍니다.

독서나 봉사활동을 챙기자

여름방학은 학기 중에 챙기기 힘든 독서나 봉사활동을 하기 좋은 시기예요. 특히 고 1, 2학년 때 여름방학은 수시생들이 생기부와 자소서를 채울 수 있는 절호의 기회입니다.

수시를 준비하는 학생들은 아무래도 학기 중에는 내신을 준비하느라 생기부에 들어가야 할 내용인 독서활동, 봉사활동을 상대적으로 못 챙기는 경향이 있어요. 방학 때는 내신을 준비할 필요가 없으니까 미리미리 준비해서 생기부를 채워봅시다.

진로 관련 활동 같은 경우에는 여름방학을 맞이해서 굉장히 다양한 활동을 찾아볼 수 있어요. 예를 들어, 미디어에 관심이 있었던 크리에이터는 어떤 대학교에서 교수님이 진행하는 캠프에 참여했어요. 교수님과 대학생들과 교류할 수 있었고 미디어 관련 공부나 프로젝트를 해볼 수 있었죠. 그런 활동 하나가 진로를 결정하는 데 큰 요인이 될 수도 있고 많은 도움을 받을 수 있을 거예요.

봉사활동을 꾸준히 하는 것도 좋습니다. 또 다른 크리에이터의 예를 들어볼게요. 이 친구는 일주일에 한 번 요양원에 가서 청소도 하고 책도 읽어드리는 봉사활동을 했고요. 독서 활동도 열심히 했어요. '한 학기에 4권 정도 책을 읽을 거다'라고 결심했다면 그중에 2.5권 정도는 방학 때 읽어서 학기 중에 부담을 덜 수 있도록 했습니다. 학기 중에는 '난 공부를 해야 하니 책 읽을 시간이 없다'라는 생각이 들어서 제대로 책에 집중하기 힘들어요. 그러다 보니 책을 읽어도 잘 기억하지 못해서 자소서에 쓸려고 해도 잘 안 되죠. 그러니 조금 여유 있는 방학 때 책을 꼼꼼히 읽어보고 기록도 해놓으면 그것을 토대로 자소서나 생활기록부 등 입시에 필요한 서류를 작성할 수 있어 크게 도움이 됩니다.

독서나 봉사 활동 외에 대회 준비 같은 것도 많이 하죠? 대회 기간이 학기 중이라 하더라도 방학 때 미리 동아리 부원들을 모아서 자료 조사라든지, PPT 제작이라든지, 이런 역할 분담을 하고 완벽하게 대회 준비를 해놓으면 좋아요. 그래야 학기 중에 대회도 챙기고 내신도 챙길 수 있거든요. 방학 때 펑펑 놀다가 텅텅 빈 생기부를 보고 울지 말고 한 학년이라도 낮을 때 미리미리 준비해놓으세요. 그래야 후회하지 않습니다.

시험공부 늦게 시작했을 때 80점이라도 받는 법

시험이 얼마 안 남았는데 공부를 너무 안 해서 100점까진 바라지도 않는다! 80점만 받았으면 좋겠다! 이런 친구들 있죠? 만약 80점 정도만 노린다면, 이때 꼭 알아둬야 할 사실이 두 가지 있습니다.

1. 시험은 정보력 싸움이다

시험 일주일 전에는 귀를 활짝 열고 다니세요. 예를 들어, '이번에 서술형 어렵게 나온대' 하는 소문이 친구들 사이에서 나돌고 선생님들이 스리슬쩍 힌트를 주기도 해요. 그러니까 항상 귀를 열고 안테나를 올리고 다니세요.

2. 서술형은 따로 준비한다

시험을 볼 때 내가 아는 문제이고 다 쓸 수 있을 것 같아도 직접 줄글로 적어보지 않았다면 어려울 수 있어요. 그래서 서술형은 줄글로 써보는 게 중요해요. 그냥 요약하지 말고 줄글로 쓰고 그걸 그대로 외우는 거죠. 그래야 쓰는 감각도 유지할 수 있으니 이렇게 연습하는 걸 추천합니다.

또한 A4 용지 한 장에 단권화를 해놓으면 그 종이 하나만 있으면 되니까 편리합니다. 시험 전에 책 다 집어넣으라고 하잖아요. 마지막까지 서술형 답안지를 보고 있다가 시험지를 받자마자 서술형부터 먼저 다 쓰고 나서 마음 편하게 객관식으로 넘어가세요. 그러면 엄청 안정감과 안도감을 느끼면서 객관식도 빨리 풀어나갈 수 있습니다. 물론 문제 푸는 순서는 개인에 따라 차이가 있을 수 있으니 본인과 맞지 않는다면 참고만 하세요.

그럼 본격적으로 어떻게 해야 80점이라도 받을 수 있을지 과목별로 알아보겠습니다.

[국어] 국어는 수업 시간에 선생님이 유독 강조하는 게 딱 보일 때가 있어요. 그런 부분은 반드시 외워야 합니다. 예를 들어볼게요. 국어의 여러 파트 중 문법에서 '유음화'라고 하면 그 정의를 외우기가 힘들죠? 그러면 해당되는 예시를 하나 정해서 외우세요. 유음화하면 신라, '신라'니까 'ㄴ'이 'ㄹ'로 바뀐다. 비음화 하면 '국물', 'ㄱ'이 'ㅇ'으로 바뀐다. 이런 식으로 예시 하나만 알고 있으면 그 예시를 바탕으로 다른 보기가 나와도 '이거 국물 그거랑 비슷한 원리인데?' 하면서 빨리 풀 수 있습니다.
문학 같은 경우에는 원래 우리가 읽고 감상하는 거잖아요. 그래서 작품을 달달 외우지 않더라도 어느 정도만 알고 있으면 시험 당일에 풀 수가 있어요. 그런데 문법은 모르면 아예 손도 못 대는 경우가 있기 때문에 문학과 문법 중에 하나만 선택하라면 문법을 먼저 공부하고 시간이 남으면 문학작품들을 훑어보는 게 낫다고 봅니다. 이런 식으로 시간을 효율적으

로 써야 합니다.

[수학] 수학은 가장 본인의 실력에 비례해서 성적이 나오는 과목 같아요. 시간이 없는데 수학 공부는 또 어떻게 해야 할까요? 먼저 가장 기본인 교과서를 봐야 합니다. 혹은 학교마다 부교재가 있는 곳도 있어요. 다른 건 일단 제쳐두고 기본적으로 지정된 교과서나 부교재는 무조건 봐야 합니다.

그리고 교과서 뒷부분을 보면 '단원 정리', '사고력 쑥쑥', 이런 문제들이 있어요. 이런 부분의 서술형 문제에서 한두 문제를 내거나 쉬운 문제는 객관식으로 내는 경우가 많기 때문에 이 문제들도 풀어보기 바랍니다.

시간은 얼마 없는데 풀어야 할 문제가 어마어마하다면? 이럴 때는 친구 한 명을 구하세요. 친구랑 상의해서 파트를 나누고 공부해요. 그런 다음 각자 맡은 과목에서 어렵거나 나올 것 같은 문제를 체크해서 공유하는 거죠. 그러면 친구가 공부한 파트에서는 체크된 문제만 풀면 되니까 푸는 속도가 두 배가 됩니다. 세 명이 같이 하면 속도는 더 빨라질 겁니다.

물론 직접 다 풀어보지 못했기 때문에 좀 위험하기는 해요. 하지만 100점을 목표로 하는 게 아니라 80점을 목표로 한다면 꽤 좋은 방법입니다. 짧은 시간 내에 많은 범위를 봐야 할 때 이 방법을 써보면 좋을 것 같습니다.

마지막으로 최후의 방법을 알려드릴게요. 이 방법은 여러분의 수학 실력에는 도움이 단 1도 되지 않을 겁니다. 하지만 너무 절박해서, 특정 부분이라도 다 보고 가야 할 것 같을 때 이 방법을 사용해보세요. 우선 문제를 펴고 옆에 답지를 펴놓아요. 문제와 답지를 같이 보면서 문제를 읽고, 그 다음에 풀이를 숙지하는 거예요. 운이 좋아서 이렇게 본 문제가 시험에 그대로 나오면 엄청난 도움이 되겠죠. 다시 한 번 강조하지만 수학 실력에는 도움이 되지 않으니 벼락치기용으로만 참고하기 바랍니다.

[영어] 영어는 대부분 교과서나 부교재에서만 나오기 때문에 범위가 비교적 한정적이에요. 그래서 많이 볼수록 점수가 오릅니다. 그런데 단순히 많이 보고 암기를 하면 어느 지점에 도달해서는 더 이상 점수가 오르지 않는 현상이 생깁니다. 그럴 때는 '내가 이번 시험의 출제자다'라는 자기 암시를 해보세요. '여기 however는 왠지 접속사 삽입으로 나올 것 같은데?' 이런 식으로 직접 출제를 해보는 거예요. 처음에는 어려울 수 있지만 교과서 내용만이라도 출제를 해보면 도움이 됩니다.
영어에서도 급할 때 쓰는 최후의 방법이 있는데요. 번역본을 지문 옆에 펴놓고 번역본을 읽은 다음에 영어로 읽어보세요. 그러면 좀 외워지기도 합니다. 이 방법 역시 영어 실력에는 별 도움이 되지 않겠지만 한글 번역본이라도 숙지하고 들어가는 게 나을 테니까요.

[암기 과목] 시간이 얼마 남지 않았을 때는 암기 과목이 오히려 쉬울 수도 있어요. 암기 과목의 점수는 보는 횟수에 비례해서 오르기 마련이니까요. 특히 암기 과목의 서술형 문제는 항상 나오는 문제가 거의 정해져 있어

요. 특히 물리, 화학 같은 경우에는 계산식이 많이 나오고 생명의 경우에는 운동했을 때 심장 박동 수, 호르몬 농도 같은 게 나와요. 그러니까 과목과 단원별로 꼭 나오는 것들을 미리 확인해서 약술형으로 써놓고 달달 외워야 합니다.

그리고 과학 교과서를 보면 실험 파트가 나와 있는데요. 거기서 결과와 그 결과가 나온 이유에 주목해서 숙지하세요. 시험 직전에 끝까지 한번 훑어주는 선생님들이 있다면 그 수업 시간은 황금 같은 시간입니다. 그때 선생님이 말한 것들이 시험에 나올 가능성이 높기 때문에 시험 전 마지막 시간을 잘 듣고 힌트가 나온 것들은 체크해서 암기하세요.

절박한 친구들을 위한 요령

첫 번째는 잘 찍는 법입니다. 이 방법은 흔히 통용되지만 맹신하지는 말아야 해요. 최선을 다해 풀고 나서도 빈 칸으로 남겨진 문제들에 이 방법을 쓰세요.

찍는 것에는 두 가지 경우가 있습니다. 첫째는 보기 2~3개 정도에서 헷갈릴 때입니다. 이때는 여러분의 감을 믿으세요. 단 1%라도 답일 것 같은 걸 빨리 고르는 게 방법입니다. 둘째는 시간이 없고 문제도 못 읽어서 보기 5개 중에 20% 확률로 마냥 찍어야 하는 경우입니다. OMR 카드를 보고 그동안 답을 몇 번으로 골랐는지 체크해보세요. 1번부터 4번까지 다 5개 있는데 5번만 2개 있다면 적게 고른 5번을 택하는 거죠. 사실 너무 위험한 방법이지만 확률적으로 더 가능성이 있다는 겁니다.

모든 시험문제는 5개의 난이도로 나눌 수 있습니다. 상, 중상, 중중, 중하, 하. 산술적으로 고르게 분배된다는 보장은 없지만 대략 이렇다고 가정하면 80점을 받기 위해서는 어디까지 맞혀야 할까요? 중상 난이도의 문제까지 맞히면 됩니다. 그러므로 상 난이도의 문제들, 시간이 걸릴 것 같은 문제들은 과감히 넘어가는 결단력이 필요합니다. 80점을 목표로 한다면 상 난이도까지 다 맞힐 필요는 없으니 그런 문제들을 넘겨 시간을 절약해서 중상 이하의 문제들을 확실하게 맞히는 게 더 중요하다고 생각합니다.

이 방법들은 공부를 잘하는 방법도 아니고 100점 받을 수 있는 공부법도 아닙니다. 다만 너무 시간이 없어서 100점까지는 안 바라고 80점까지라도 꼭 받고 싶은 친구들을 위한 팁입니다. 그러니까 다 따를 필요도 없고 본인에게 맞는 방법을 선택하면 좋을 것 같습니다.

6월 모의고사가 중요한가요?

정시생은 여름방학을 어떻게 보내야 할까요?

[Tip] 고3 올라가는 겨울방학을 어떻게 보낼까요?

9월 모의고사를 어떻게 대비해야 할까요?

[Tip] 9월 모의고사 후 수능까지 성적 올릴 수 있나요?

EBS 〈수능특강〉을 어떻게 활용해야 할까요?

EBS 〈수능완성〉을 효율적으로 공부하는 방법을 알려주세요

수능 선택과목은 어떻게 골라야 할까요?

수능 100일 남았는데 뭘 어떻게 공부하죠?

수능이 100일밖에 안 남았는데 탐구 성적이 안 올라요

수능 생각만 해도 너무 떨리는데 어떡하죠?

[Tip] 수능장 반입 금지 물품에는 어떤 게 있나요?

수능 시험 날, 쉬는 시간에 뭘 해야 하나요?

수능 대비하기 좋은 문제집을 추천해주세요

체육교육학과는 공부 못해도 갈 수 있나요?

● 2022년부터 문·이과 통합형 수능

정시로 대학 갈래요

- 정시 대비법 -

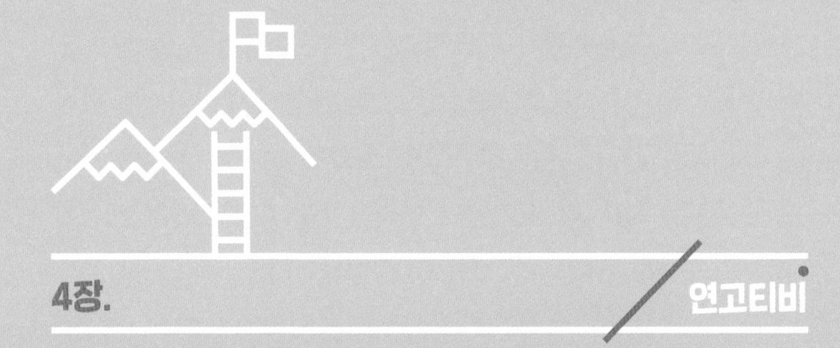

4장.

연고티비

6월 모의고사가 중요한가요?

6월은 1년 중 딱 중간이고 그만큼 중요한 기점이 된다고 봐요. 게다가 처음으로 수능과 가장 유사한 시험을 통해 내 실력을 점검할 수 있는 기회죠. 물론 수학과 탐구 과목은 수능보다 시험범위가 더 좁기는 하지만, 평가원이 출제했다는 것 자체로도 유의미하다고 할 수 있습니다.

교육청 모의고사와 평가원 모의고사는 아주 달라요. 교육청 모의고사는 작년 수능을 기준으로 비슷한 유형만 내지만 6월 평가원이나 9월 평가원 같은 경우에는 그 해에 출제될 신 유형이나 트렌드를 보여줍니다. 그러므로 모의고사를 바탕으로 수능을 예측해보자는 마음가짐으로 보는 것이 좋습니다.

EBS 〈수능특강〉을 정독하자

6월 모의고사는 연계교재가 처음으로 반영되는 시험이기 때문에 〈수능특강〉 국어 교재의 문학 작품들과 영어 교재는 정독하고 열심히 분석하는 게 좋습니다. 우선 국어는 올해 트렌드를 파악하고 비슷한 문제를 많이 풀어보세요. 문학 작품 같은 경우에는 제목을 보고 어떤 내용인지 유추할 수 있게 반복해서 봐야 합니다. 영어는 첫 문장만 봐도 어떤 내용이고, 내가 어떤 부분이 중요하다고 체크했었는지 다 기억날 정도로 반복학습을 해보세요. 수학은 킬러 문제가 어떤 개념을 가지고 출제된 건지 난이도 높은 문제를 분석합니다. 마지막으로 과탐 역시 반복해서 풀어보면 좋아요.

시험 전에는 기출문제 풀기, 시험 후에는 오답 정리를 확실히!

시험 전에는 작년 기출문제는 물론 평가원 기출문제를 최대한 많이 풀어보세요. 실제 수능을 본다는 마음가짐으로 준비가 부족한 부분은 어디인지, 어디서 실수를 하는지 등을 점검하는 것이 좋습니다.

시험이 끝난 다음에는 오답 정리를 반드시 확실하게 해야 합니다. 특히 국어는 문장 하나하나까지도 다시 보면서 출제위원들이 글을 어떻게 작성했는지, 선지에서는 어떤 표현 방법을 썼는지 등을 확인해보세요.

다만 6월 모의고사 성적은 실제 수능과는 무관하며 대학의 당락을 결정짓는 것도 아니에요. 그렇기 때문에 자신의 실력을 점검해보았다는 것에 의의를 두어야지, 성적에 너무 일희일비 하지는 않았으면 좋겠어요.

6월 모의고사는 재수생도 함께 보는 첫 시험이라서 이전에 봤던 모의고사와 수치 차이가 심하다고 느낄 수도 있어요. 또 혼자 재수하는 사람이라면 다른 사람들과 비교할 기회가 별로 없는데, 6월 모의고사를 통해 실력을 확인해볼 수 있습니다.

6월 모의고사를 잘 보든 못 보든 중요한 건 자신의 선택이에요. 못 봐서 의기소침할 수도 있는 거고, 못 봐서 더 열심히 할 수도 있는 거죠. 잘 봐서 자만할 수도 있는 거고, 잘 봤지만 여전히 내가 부족한 부분을 더 찾으려고 노력할 수도 있는 거예요. 6월 모의고사부터 수능까지 시간이 많다고 생각하든 적다고 생각하든 여러분에게 주어진 시간은 모두 똑같습니다. 너무 조급해하다 보면 본질을 놓칠 수 있어요. 그러니 차분한 마음으로 공부했으면 합니다.

정시생은 여름방학을 어떻게 보내야 할까요?

고등학교 3학년 여름방학은 수능 막판 뒤집기가 가능한 마지막 기회입니다. 그렇기 때문에 날씨가 덥고 마음이 불안하더라도 끝까지 힘내세요! 우선 모의고사를 기준으로 한번 설명해볼게요.

모의고사 10세트가 들어 있는 문제집을 방학 때 끝내겠다고 목표를 세웠다고 해보죠. 방학을 30일이라고 하면 모의고사 하나를 3일 동안 풀면 되는 거죠! 그런데 이때 모의고사를 쪼개서 첫째 날에 영어, 둘째 날에 국어, 셋째 날에 수학, 이런 식으로 푸는 것은 추천하지 않습니다. 그럼 어떻게 해야 할까요?

첫째 날에는 수능 시간표대로 처음부터 끝까지 쭉 푸는 게 좋습니다.

두 번째 날에는 첫째 날 풀어놨던 모의고사를 다시 폅니다. 그리고 오답들을 정리하는 작업을 하는 거죠. 그런데 오답을 정리하는 데서 그치지 말고 그 문제를 틀리게 된 원인을 찾아야 해요. 단편적으로 '답은 이거고 이유는 이렇군'에서 끝내지 말고, 내가 왜 틀렸는지, 내가 어떤 개념을 잘못 잡고 있어서 이걸 헷갈렸는지 추적해보는 겁니다.

세 번째 날에는 문제를 맞혔지만 헷갈리거나 불확실했던 것들을 정리합니다. 또 5지 선다형이기 때문에 하나가 확실한 오답이어서 맞혔지만 나머지 4개의 보기에 대해서는 불확실할 수도 있잖아요. 그런 부분까지 명확하게 짚고 넘어가야 합니다.

탐구를 공부할 절호의 기회

고3 여름방학 전까지 과탐 공부를 거의 안 했더라도 여름방학 때부터 본격적으로 하면 돼요. 과탐은 6월부터 해야 최고의 효율을 낼 수 있다는 의견도 있습니다. 물리, 화학 같은 경우에도 암기가 많은 부분을 차지하기 때문이죠. 또 수학은 그 시기쯤 되면, 특히 이과라면 어느 정도 개념은 다 정립했을 때예요. 6월 모의고사 성적을 보면서 '수능에서 어느 정도까지 점수를 받을 수 있겠구나' 하는 계산이 되거든요. 그때부터 수학 공부는 조금씩 줄여나가면서 과탐 공부의 비중을 늘립니다.

과탐을 공부할 때는 단원별로 공부하지 말고 모의고사처럼 하세요. 이렇게 하면 내가 어떤 유형에 약한지 즉각적인 피드백이 가능해요. 수능에 대한 시뮬레이션이 되어서 각 문제 유형에 어떻게 대처해야 할지 감이 바로 잡히는 거죠. 이건 다른 과목에도 해당됩니다. 내가 어떤 게 부족한지 여름방학 때 확실히 깨우치고 가야 남은 3개월을 어떻게 보낼지 계획을 세울 수 있어요.

정시가 불안한, 수능 날이 불안한 친구들이 많을 거예요. '내가 모의고사가 이렇게 나왔는데 수능 가서 잘할 수 있을까' 하는 불안도 있고 '최저를 채우고 논술을 노려야겠다'라고 생각할 수도 있어요. 그러나 수험생에게는 선택과 집중이 가장 중요합니다.

정시생들은 정시에 집중하라고 말하고 싶어요. '불안하니까 논술도 좀 건드려볼까?'라고 생각한다면 그렇게 하지 말라는 거죠. 수능을 봐서 대학에 가기로 한 학생이라면 개인차는 있겠지만 논술 준비는 일주일 정도면 충분하지 않을까 싶어요. 굳이 논술 준비를 안 해도 되도록 수능으로 끝내자는 마음으로 준비했으면 합니다. 해이해지기 쉬운 여름방학, 힘냅시다!

고3 올라가는 겨울방학을 어떻게 보낼까요?

tip

정작 3학년이 되면 근본적인 실력을 키울 시간이 부족해집니다. EBS 연계교재, 내신, 최소한의 수시 준비, 6월과 9월 모의고사 등 매달 준비할 것들이 생각보다 많기 때문이죠. 따라서 정시생이라면 겨울방학 때 국어, 영어, 수학, 탐구의 기본 실력을 키우는 데 시간을 쓰는 것이 좋아요. 너무 수능 유형이나 기출에 치중하지 말고 개념을 좀 더 충실히 공부하는 거죠.

국어는 기본적인 작품들을 분석하고, 비문학 문제 유형과 출제 성향을 파악하면 좋을 것 같아요. 수학은 여러분에게 어렵게 느껴지는 단원들의 기본 개념을 공부하세요. 영어는 어휘력과 문법을 탄탄히 해두세요. 탐구는 전반적인 개념 등 내가 취약한 과목에서 기초적으로 해야 할 공부를 하는 것을 추천합니다. 이런 기본을 여유롭게 마지막으로 볼 수 있는 시기가 고2 겨울방학이에요.

만약 방학이 끝난 후 바로 수능 성적을 바로 올리고 싶다면, 탐구를 집중적으로 하는 게 좋아요. 탐구는 비교적 범위가 적기 때문에 집중적으로 공부하면 직접적인 점수 향상으로 이어지기 쉽습니다.

9월 모의고사를 어떻게 대비해야 할까요?

수능을 앞두고 보는 9월 모의고사는 마지막 모의고사인데요. 수능까지 약 2개월이라는 시간만을 남기고 보는 시험이기에 9월 모의고사 성적에 따라 수능을 어떻게 준비할지 판단할 수 있습니다. 모의고사를 본 뒤 부족한 점을 열심히 보완하면 수능에서 진정한 실력을 발휘할 수 있을 거예요.

내 위치를 확인해보는 기회

9월 모의고사는 그 해에 수능을 보는 모든 사람이 다 보는 시험이잖아요. 그래서 내 위치가 어느 정도인지 객관적으로 확인해 볼 수 있습니다.

또 9월 모의고사 점수는 수시 지원의 가장 큰 기준이 됩니다. 그 점수를 토대로 담임 선생님과 상담도 하고 어느 대학에 원서를 넣을지 결정하게 되죠. 그동안 모의고사를 잘 보거나 성적이 좋았어도 9월 모의고사를 망치면 수시를 어디에 써야 할지 혼란이 오고, 담임 선생님도 여러분이 가고 싶은 대학은 추천해주지 않을 수 있어요. 그만큼 9월 모의고사는 중요합니다.

평가원 시험인 9월 모의고사에서는 새로운 출제 경향을 보일 수도 있고 기존의 출제 경향을 굳혀간다는 느낌을 줄 수도 있어요. 그렇기 때문에 9월 모의고사는 수능에 대비하기 위한 최적의 시험이라고 할 수 있죠.

수능이라는 마음으로 준비하자

자기 자신은 물론이고 주변 사람들도 '이번 시험이 마지막이다, 평가원 시험은 정말 중요하다' 하면서 계속 압박감을 주게 되는데요. 수능 전에 그런 압박감을 견디는 연습을 할 수 있는 기회이기도 합니다.

9월 모의고사가 수능이라는 마음가짐으로 준비를 해나가길 바랍니다. '이번에는 실수할 수 있지', '수능 가서 잘하면 되지'라는 마음보다는 이게 진짜 마지막 시험이라고 생각하고 절실한 자세로 임하는 게 좋습니다.

모의고사 전날에도 수능 전날에 할 것을 똑같이 하면 돼요. 모든 과목을 훑어보든가, 연계교재를 한 번씩 더 보든가, 수능 전에 할 일들을 똑같이 해보면 좀 더 수능과 비슷하게 느껴질 거예요. 심지어 수능 때 먹을 도시락도 9월 모의고사 때 직접 똑같이 싸갈 수 있겠죠. 별 거 아닌 것 같지만 진짜 수능을 본다는 느낌으로 신경써보는 거예요.

주변 친구들이 '오바'한다고 말할 수도 있어요. 하지만 수능 당일은 훨씬 더 '오바'라는 사실! 그러니까 그전에 오바하는 건 아무것도 아닙니다. 평소에 열심히 오바하세요.

9월 모의고사가 얼마 안 남았다고 해서 이것저것 문제를 찾느라 더 바쁜 학생들이 있을 거예요. 그러나 새로운 것을 더 하기보다는 지금까지 해왔던 것을 점검하는 게 더 중요하다고 생각해요. 그 첫 번째는 바로 오답노트를 다시 정독해보고 내가 주로 어떤 생각의 흐름으로 실수를 하는지 분석해보고 고민해보는 것입니다.

모의고사가 끝나면 시험지를 분석하자

9월 모의고사를 보고 나면 아쉬움이 많이 남을 거예요. 두 달밖에 안 남았는데 아직도 이런 실수를 하면 어떡하지, 희망이 없다고 느낄 수도 있어요. 여기서 명심해야 할 점은 두 달이라는 시간은 학기 초 3월부터 4월까지의 두 달과 똑같은 시간이라는 것입니다. 그런데 수능을 앞둔 두 달이기 때문에 이 시간의 의미는 많이 다릅니다. 마무리하는 단계에서 두 달이라는 시간은 아주 다른 결과를 이끌어낼 수 있는 시간인 거죠.

그럼 어떻게 해야 할까요? 9월 모의고사와 전에 봤던 6월 모의고사 시험지를 비교 분석해야 합니다. 두 시험에서 공통적으로 나왔던 문제들은 외울 정도로 열심히 보고 나만의 것으로 만들어서 같은 유형의 문제가 수능에 나와도 무조건 맞힐 수 있도록 연습하세요. 실제로 평가원에서도 올해 나올 수능 경향을 6월과 9월 모의고사에서 보여주기 때문에 이때 분석한 것이야말로 내가 가진 무기라고 생각합시다.

9월 모의고사가 끝나면 당장 시험지를 다시 살펴보세요. 내가 찍어서 맞혔는데 마치 내가 알아서 맞힌 것처럼 착각하기 쉽습니다. 그런 부분에서 빈틈이 생기고 생기다 보면 성적표에는 큰 구멍이 생기게 됩니다. 그러니까 오답노트를 꼭 바로 만들어야 합니다. 내가 문제를 풀면서 어떻게 사고를 했는지, 그 과정이 정말 중요해요.

좌절감을 막는 멘탈 관리도 중요합니다. '이걸 내가 왜 틀렸지' 하는 자괴감이 들어도 틀린 문제들을 하나하나 정리해나가는 거죠. 틀린 것은 그저 실수로 넘기지 말고 그 부분에 대해 심화적인 학습을 계속 해줘야만 취약했던 개념 같은 것도 확실하게 채워갈 수 있습니다.

더 이상 물러날 곳은 없다!

더 이상 물러날 곳은 없다는 사실을 명심하세요. 각자의 상황에 맞춰서 빠른 판단을 내리고 선택과 집중을 해야 합니다. 친구들과 절대 비교하지 말고 그저 내 실력을 놓고 봤을 때 어떤 부분이 부족한지, 또 어떤 부분을 유지하고 고쳐나가야 할지를 객관적으로 판단합시다. 이제는 시험에 끌려다니지 말고 능동적으로 시험을 잘 이용했으면 합니다.

만약 9월 모의고사를 잘 못봤다면 수능이 아니니 얼마나 다행입니까! 또 9월 모의고사를 잘 봤다면 수능은 아니었기 때문에 더 열심히 해서 진짜 수능을 잘 봐야 하는 거죠.

6월 모의고사는 못 봐도 위로해줄 수 있지만 9월 모의고사는 위로로 해결할 수는 없습니다. 슬퍼할 시험은 슬퍼해야 하는 거죠. 정말 중요한 시험이기 때문에 만약 '9월 모의고사에서 너무 심하게 못봤다, 이건 실수라고 할 수 없을 정도다'라고 한다면 스스로를 혼낼 필요도 있습니다. 여름방학 때 내가 뭘 했는지 반성하고 어떻게 바로잡을지 빨리 방법을 찾아야 합니다. 9월 모의고사는 위로로 끝나선 안 되는 시험입니다. 9월 모의고사를 망쳤는데도 나태하다면 수능은 말할 것도 없겠죠.

9월 모의고사와 수능 사이의 기간이 입시의 성패를 좌우합니다. 9월 모의고사 후에 '이래선 안 되겠다' 하는 긴장과 절박감이 있어야 수능까지 열심히 달려갈 원동력을 얻을 수 있습니다. 모의고사 망쳤다고 울지 마세요. 수분이 아깝습니다. 수분은 공부하면서 흘리는 땀으로 빼고 눈물은 원하는 대학에 합격한 후에 흘리세요.

좀 모질게 말한 부분도 있었는데요. 지금까지 여러분 정말 수고했고, 수능 때 꼭 보상을 받았으면 합니다. 고3 9개월을 견뎠는데 남은 2개월쯤이야, 견딜 수 있습니다! 가장 중요한 건 나 자신입니다. 내가 어떻게 시험을 보고 어떤 결과를 만들어낼지는 아무도 모르는 것이기 때문에 지금부터는 자기 자신을 믿었으면 합니다.

9월 모의고사 후 수능까지 성적 올릴 수 있나요?

6월 모의고사와 9월 모의고사 성적이 별반 차이가 없었던 친구가 있어요. '32333'이라는 등급에 솔직히 많이 실망하고 좌절했죠. 근데 그때 3학년 부장 선생님이 이 친구를 불렀다고 해요.

"요새 굳이 '스카이' 갈 필요 없다. 그냥 네 능력이 중요하고 네가 중요한 거지 대학이 뭐가 중요하겠니."

그 말이 이 친구에게는 엄청난 동기부여가 되었답니다. '내가 그 정도밖에 안 되는 사람인가? 이때까지 봤던 평가원 모의고사를 못 봤다고 해서 수능까지 망쳐버릴 그런 사람인가?', 이런 생각이 들면서 그때부터 진짜 미친 듯이 달린 거죠. 9월 모의고사 전까지 전 과목 중에서 〈수능특강〉과 〈수능완성〉, 둘 다 푼 과목이 하나도 없었는데 그때부터 하루에 한 권, 이틀에 한 권 정도로 하루 종일 문제집을 풀었답니다. 그리고 연세대에 진학할 수 있었죠.

그동안 이 친구는 어찌 보면 효율성과 경제성을 따지며 공부했던 거예요. 최소의 시간 투자와 노력으로 최대의 결과를 바라고 있었던 거죠. 그런데 그 개념은 치열하게 경쟁하는 입시에서는 적용될 수 없는 개념인지도 모릅니다. 최대보다 더 크게 쏟아 붓고 남들보다 훨씬 더 큰 성취를 얻어야 합니다. 그것을 깨닫기 전의 자신과 깨달은 후의 자신은 정말 많이 달라져 있을 거예요.

EBS 〈수능특강〉을 어떻게 활용해야 할까요?

수능과 연계되는 교재인 〈수능특강〉을 똑똑하게 활용하는 방법을 알려드리겠습니다. 연고티비 크리에이터들이 체감하기에는 영어 〉 국어 〉 탐구 〉 수학 순으로 연계율이 높은 것 같아요.

국어는 소재나 작품이 연계되는 경우가 많다

국어 같은 경우는 문학이나 비문학에서 소재라든지 작품이 그대로 연계되는 경우가 많아요. 그래서 〈수능특강〉을 열심히 공부했다면 제목만 보고 어떤 내용인지 떠오르기도 할 거예요. 그러면 문제를 빨리 풀 수 있겠죠.

[문학] 국어를 보면 문학, 화작 그리고 비문학으로 나뉘어 있습니다. 문학 교재는 직접 연계까지는 아니더라도 어떤 작가의 어떤 문학작품을 썼는지 힌트를 얻을 수 있어요. 〈해법문학〉처럼 다 정리되어 있는 문제집에서 〈수능특강〉 문제에 나온 문학 작품을 찾아서, 그 문학 작품의 주제, 줄거리, 의의를 파악하고 노트에 한 번 더 정리해보세요. 작품들 위주로 공부를 하는 방법입니다. 또 고전시가를 공부하다가 이해하기 어려운 단어가 있으면 그 뜻을 대충이라도 알아놓는 게 좋아요.

[비문학] 비문학은 연습하는 용도로 쓰면 좋습니다. 무조건 외우면서 풀어야 한다는 게 아니라 문제풀이를 연습하고 글의 구조를 익히는 용으로 공부해도 됩니다.

이때 선지를 꼼꼼히 보는 게 좋습니다. 선지가 어떻게 구성되어 있는지를 보면 정형화된 틀이 조금씩 있을 때가 있거든요. 건성으로 보면 틀릴 수 있게 만들어놓은 유형이 있는데, 그런 것에 주의하기 위해 그 유형이 뭔지 다 적어놓으면 도움이 됩니다. 내가 실수하는 부분을 적어놓고 좀 더 꼼꼼히 보는 게 좋습니다.

비문학은 소재 연계가 많이 됩니다. 익숙한 소재가 나왔다는 것만으로도 심리적으로 안정되고 문제를 잘 풀 수 있을 거예요. 그렇기 때문에 비문학 책에서는 소재를 한번씩 훑으면서 여러 소재에 관해 조금이라도 지식을 쌓는다면 수능 볼 때 도움이 될 것입니다.

수학은 꼼꼼히 보기보다 여러 분야를 보자

수학은 연계교재를 꼼꼼하게 공부하는 게 별로 의미 없다고 하는 의견도 있어요. 그래서 1회 풀고 오답정리하는 정도로 끝내고, 대신 여러 문제를 접하는 게 좋을 수 있습니다.

또한 수학은 여러 파트로 나뉘는데 한 분야만 풀다 보면 나머지 분야를 잊어버리기 쉬워요. 그래서 중간중간 다른 분야의 문제를 풀어주는 게 좋습니다. 예를 들어, 인강 교재로 수II를 공부했다면 〈수능특강〉으로는 미적I이나 확률과 통계의 대표 유형을 풀어서 풀이하는 방법을 잊어버리지 않도록 하는 거죠.

영어는 기출문제까지 놓치지 말고 보자

영어는 형광펜 3개를 써서 공부하는 방법을 추천합니다. 한 가지 색은 문단의 주제, 다른 색은 헷갈리는 문법을 표시하고요. 마지막 하나는 문단에서 내용이 바뀌는 부분을 표시해요. 'however' 처럼 역접으로 갑자기 바뀌는 경우도 있지만 그런 단어가 없는 데도 소재가 자연스럽게 바뀌는 경우가 있어요. 그런 부분이 삽입이나 순서 문제로 나오면 헷갈릴 수 있거든요. 그렇기 때문에 '이 부분에서 갑자기 내용이 바뀌거나 뉘앙스가 바뀐다' 싶으면 형광펜으로 표시하는 거죠. 이렇게 하면 같은 지문이 어떤 유형의 문제로 나오든 간에 풀 수 있도록 대비할 수 있습니다.

〈수능특강〉과 〈수능완성〉에서 쓰는 지문은 어떤 논문에 있는 구절을 그대로 따온 경우가 많아요. 그런 논문들은 전문지식 분야이기 때문에 우리가 평소에 쓰는 단어랑 전문적인 분야에서 쓰는 단어는 의미가 아주 다른 경우가 많아요. 그래서 〈수능특강〉 영단어 숙어 편을 꾸준히 보면 도움이 됩니다.

탐구는 문제의 트렌드를 읽을 수 있다

탐구의 경우 연계교재를 통해 유행하는 문제를 파악할 수 있고 새로운 개념이나 유형의 문제를 접할 수 있습니다.

[사탐] 사탐의 경우에는 해마다 유행하는 문제들이 있어요. 그런 걸 파악할 때 연계교재가 유용해요. 같은 표 문제여도 어떤 부분에서 개념을 묻는 문제가 나오는가, 이런 게 계속 바뀌는데 연계교재를 보면 그런 부분을 파악하는 데 도움이 됩니다.

[과탐] 지구과학 같은 경우에는 〈수능특강〉을 열심히 공부해야 해요. 일반 문제집에서 볼 수 없었던 개념이 나오는 경우가 많거든요. 그런 개념들은 웬만하면 다 외우는 게 좋아요.

생명과학Ⅰ도 사실 암기가 굉장히 많은데 생명의 꽃은 유전이잖아요. 문제 신 유형 같은 게 나와 있는 경우에는 모의고사나 수능에서 나올 가능성이 높기 때문에 그런 건 더 유의해서 풀어보면 좋을 것 같아요.

EBS 〈수능완성〉을 효율적으로 공부하는 방법을 알려주세요

EBS 〈수능완성〉 역시 〈수능특강〉과 마찬가지로 수능에 직접적으로 연계되는 교재입니다. 이 교재를 효율적으로 타파할 수 있는 방법을 알려드리겠습니다.

국어는 분야별로 마스터하자

[문법] 국어에서 문법은 지금까지 엄청 많이 돌려봤잖아요. 그래서 다 안다고 생각하기 쉬운데 사실 금방 잊어버리기도 쉬운 게 바로 문법 과목이에요. 그렇기 때문에 〈수능완성〉으로 다시 복습을 하면서 모르는 문제의 개념을 노트에 다시 한 번 정리하면 좋습니다. 지금 다 아는 것 같더라도 매일 아침 국어 공부를 시작하기 전에 문법 개념을 조금씩 읽고 의식적, 주기적으로 공부하기 바랍니다.

사실 연계는 크게 의미가 없습니다. 왜냐하면 문법의 기본은 개념이고, 그걸 응용해서 문제를 푸는 것이기 때문이죠. 그래서 연계에 중점을 두고 그 문제를 외우려고 하기보다는 새로운 개념이 등장했거나 기존에 알던 용어의 정의가 바뀐 게 있다면 그걸 추가로 공부하면 됩니다.

[화작] 문/화/작 중에서 화작입니다. 이것도 물론 간접 연계가 될 수는 있는데 어차피 못 외웁니다. 여러분은 이미 외울 게 너무 많아요. 그러니까 화작은 그냥 시간 분배 연습에 활용하세요. 내가 화작을 푸는 데 얼마나 걸리는지 파악하고 '어떤 요소를 좀 더 빨리 풀 수 있으니까 여기서는 시간을 단축하자'는 식으로 방법을 고정화하는 데 〈수능완성〉을 이용하세요.

연고티비 크리에이터 중에는 화작을 15분 안에 끝내기로 스스로와 약속을 하고 공부한 친구가 있어요. 수능 볼 때 대략적으로 어떤 타이밍에 어떤 문제를 풀지 기억해놓고 문제를 푸는 게 중요하다고 생각했기 때문이죠.

[비문학] 비문학은 영어와는 달리 직접 연계가 아닌 간접 연계인 경우가 많아요. 지문 그 자체가 수능에 똑같이 나오는 게 아니라 지문에 나온 주제가 변형되어서 나올 수 있는 거죠. 그래서 무엇보다 주제와 소재에 익숙해지는 게 중요합니다.

그러기 위해서는 변형된 문제들을 많이 찾아 풀어야 해요. 그리고 그 소재를 인터넷에서 찾아보면 사설이나 신문기사 같은 것들이 나오니까 소재가 비슷하면서 중요하고 어려운 글들을 읽어보면 좋아요. 또 비문학에서는 어려운 단어들이 많이 나오는데요. 교재에 있는 어려운 단어들은 따로 노트에 정리해둡니다.

비문학 〈수능특강〉은 주제가 유형별로 나뉘어 있어요. 그래서 문제를 풀어보면서 유형별로 내가 어떻게 풀어야 시간을 절약할 수 있는지 효율적인 방법을 연구하는 게 좋습니다.

[문학] 문학 역시 작품들에 익숙해질 수 있도록 많이 봐야 해요. 예를 들어, 처음에 학원 선생님들과 미리 분석한 것을 학교에서 수업을 들으면서 분석하고, 그다음에는 혼자서 공부하는 식으로 예습과 복습을 통해 최소 3회독을 하는 거죠.

소설 같은 경우에는 〈수능완성〉에 실려 있는 부분 외에 다른 부분이 출제될 수도 있어요. 지문에 나오지 않은 부분까지 보기 위해서 시중에 나와 있는 다른 문제집도 풀어보면 좋겠죠.

〈수능완성〉에 나오는 고전문학은 아주 중요하다고 생각하기 때문에 외울 정도로 보는 걸 추천해요. 소설은 길어서 외우지 못하겠지만 고전시가나 수필 같이 외울 수 있는 건 외우려고 노력해보세요. 일부만 봐도 전체 내용이 다 기억날 정도로 말이죠.

수학은 보충하는 개념으로 활용하자

수학은 연계교재를 그리 중요하게 생각하지 않아서 비중 있게 공부하지 않아도 됩니다. 오늘 할 수학 공부를 다 하고 보충하는 개념으로 〈수능완성〉을 푸는 정도로 해도 돼요. 그리고 새로운 유형의 문제가 나오면 그 문제들만 집중적으로 공부하는 거죠.

영어는 아무리 봐도 지나치지 않다

영어는 정말 열심히 공부하는 게 좋습니다. 영어는 연계가 정말 많이 돼요. 특히 〈수능완성〉 뒷부분에 있는 기출문제에서 연계가 많이 되니 거기를 잊지 말고 봐야 합니다. 영어는 연계가 되면 내가 아는 지문이 수능에 나오기 때문에 굉장히 쉽게 풀 수 있어요.

팁을 드리자면, 각 문제 위에 포스트잇을 붙이고 소재, 중심 문장, 전체 흐름을 요약해서 적어놓으세요. 이렇게 하면 빠르게 훑어볼 수 있어 편리합니다.

또한 영어 단어를 잘 봐야 합니다. 익숙한 단어인데도 전혀 처음 보는 뜻으로 사용할 때가 있어요. 예를 들어, 영어사전에서 정의된 단어의 뜻 중에 가장 뒤에 나오는 뜻을 사용한 문제가 있어요. 이런 경우 공부를 하지 않았다면 절대 그 단어 뜻을 알 수가 없고 유추도 불가능해요. 그렇기 때문에 수능 연계교재에서는 단어를 주의 깊게 살펴봐야 해요. 문법적 요소, 중심 문장, 변형 가능한 요소를 각기 다른 색의 형광펜으로 표시해놓고 한눈에 들어오게 필기하면 효율적으로 공부할 수 있습니다.

영어는 모든 연계교재를 3회독을 하면 좋습니다. 새로운 영어 지문 하나를 공부할 수 있는 시간이 안 되는 날에는 변형 문제라도 풀어서 반복하는 거죠. 그래야 소재를 잊어버리지 않고 감도 잃지 않아요. 변형 문제는 시중에 파는 문제집을 사도 되고 인터넷 강의 교재를 사도 됩니다. 아니면 인터넷 카페에 있는 자료를 활용할 수도 있어요.

수능 연계교재를 공부할 때 소재만 외우려고 하지 말고 그 문제집을 통해서 독해 실력을 기르려고 노력해보세요. 아무래도 수능에서 등급 컷이 갈리는 건 연계된 문제가 아니라 처음 보는 문제들입니다. 그러니 이 문제집도 독해 실력을 기르는 데 알차게 사용하기 바랍니다.

탐구는 새로운 개념이 있는지 확인하자

탐구에서 중요한 건 첫째도 개념, 둘째도 개념, 셋째도 개념입니다. 탐구도 문법과 마찬가지로 기존에 알고 있던 개념을 응용해서 푸는 게 많기 때문에 새롭게 추가된 개념이 있는지 확인하고, 있다면 그 개념을 공부해야겠죠. 지금까지 볼 수 없었던, 이번 연계교재에 새롭게 추가된 문제들이 가끔 보일 거예요. EBS 연계교재는 잉크를 낭비하지 않습니다! 신 유형이나 새로운 개념들이 나오면 그것들은 따로 노트에 정리해놓는 것도 방법입니다.

〈수능완성〉이 나오는 시기는 1년 중 반이 지난 때죠. 반이나 왔으니까 이제 남은 반만 가면 됩니다. 조금만 더 힘을 내봅시다.

수능 선택과목은 어떻게 골라야 할까요?

수능에 유리한 선택과목을 고르고 싶은데 어떻게 해야 할까 고민하는 분들이 있죠. 선택과목을 고르는 데 있어서 고려해야 하는 것은 해당 과목을 선택한 학생 수, 표준점수, 난이도, 최근 출제 경향, 이렇게 네 가지입니다.

학생 수, 표준점수, 난이도, 출제 경향을 고려하자

우선 해당 과목을 선택한 학생 수를 고려해야 합니다. 학생 수가 많으면 많을수록 1등급, 2등급의 수도 많아지기에 상대적으로 유리해질 수 있어요.

그런데 표준점수는 또 따로 고려해야 합니다. 같은 점수를 받았더라도 과목에 따라 표준점수가 다르거든요. 높은 표준점수를 받기 위해 응시자 수가 적은 과목을 골라야 할 수도 있어요. 물론 학생 수가 적은데도 1등급을 받을 자신이 있다면 말이죠.

아무리 표준점수가 좋거나 학생 수가 많다 해도 자기의 실력에 비해 너무나도 어려우면 실패한 전략이라고 할 수 있어요. 자신의 적성과 맞지 않으면 공부하는 동안에도 힘들기 때문에 각 과목에 대한 자신의 성향을 고려하는 것이 좋습니다.

마지막으로 출제 경향을 고려해야 합니다. 최근 큰 변화가 없었다면 문제가 없어요. 하지만 지구과학I과 같이 난이도뿐만 아니라 자료 분석 문제나 지엽적인 문제가 많아지는 추세인 과목이 있다면 선택을 고려해볼 만합니다.

선택과목을 바꾸려면 적어도 9모 전에 바꾸자

선택과목을 아무리 공부해도 성적이 오르지 않아서 조급해지고, 선택과목을 바꿀까 고민하는 친구들도 있어요. 사실 이 문제는 본인이 깊게 고민해봐야 합니다. 성적이 오르지 않는 과목을 계속해서 잡고 있는 것이 좋지 않을 수도 있고요. 사실은 성적이 오르지 않는 것이 아니라 이제 막 오를 준비가 된, 오르기 직전의 실력일 수도 있어요. 어느 쪽인지, 본인의 실력을 객관적으로 바라본 뒤에 바꿀지 말지 결정하기 바랍니다.

바꾼다면 언제 바꾸는 게 좋을까요? 6월 모의고사를 보고 난 뒤에 '정말 아니다'라는 생각이 들면 이때 바꾸는 것이 가장 좋겠죠. 그게 아니라면 적어도 9월 전에는 바꾸는 것이 좋습니다. 수능 전에 적어도 한 번은 평가원이 낸 모의고사로 테스트를 하는 것이 좋기 때문이죠. 바꾼 탐구 과목으로 9월 모의고사를 치러야 한다는 말입니다.

다만 과학탐구는 사회탐구에 비해 성적을 만들어내는 데 시간이 오래 걸리기 때문에 고3 때는 바꾸지 않는 것이 좋아요.

수능 100일 남았는데 뭘 어떻게 공부하죠?

절대 안 올 것 같았던 날이 코앞으로 다가와서 실감이 안 날 수도 있고 불안하기도 할 거예요. 수시를 준비하는 학생은 수능을 100일 앞두고 자기소개서를 쓰느라 수능 공부에 전념하기 어려운 경우도 있어요. 준비하는 전형에 최저가 필요하다면 수능도 해야 하는데 수능에 매진해온 친구들을 보면 불안해지죠. 정시만 준비하는 학생도 마찬가지로 100일부터는 시간이 엄청 빨리 흐르는 것처럼 느껴져서 조급해질 수 있어요. 이런 친구들에게 조금이라도 힘이 되기 위해 남은 100일을 어떻게 공부하면 좋은지, 그리고 100일 동안 어떤 기적을 이룰 수 있는지 이야기해 보겠습니다.

과목별로 공부하는 법

[국어] 국어의 복잡하고 긴 지문에 익숙해지려면 뚫어질 정도로 읽고 풀면서 반복해야 합니다. 같은 지문을 오래 분석하면 지문의 흐름에 익숙해지고 다른 비슷한 지문이 나와도 어떤 식으로 풀지 감을 잡게 돼요. 시중에 좋은 문제집이 많지만 수능은 평가원이 내는 문제이기 때문에 평가원 스타일에 익숙해져야 합니다. 그래서 좋은 퀄리티의 문제를 자세하게 공부하는 게 중요해요.

[수학] 수학의 경우에는 부족한 부분을 보완해나가는 게 중요해요. 만약 개념이 부족하다면 100일 동안 하루에 30분 또는 한 시간씩 수학 개념서를 정독하는 것도 방법입니다. 그러고 나서 헷갈리거나 모르겠는 개념은 따로 노트에 정리합니다. 코시-슈바르츠 공식의 등호가 성립하는 조건, 미분계수를 표현하는 두 가지 방식, 이렇게 사소한 전제라도 모른다면 헷갈리는 개념으로 생각하고 최대한 꼼꼼하게 노트에 적어둬요. 개념서를 1~2회독 한 뒤에는 그렇게 정리해둔 노트만 계속 읽습니다.

개념 공부를 하다 보면 유형 공부에 소홀해질 수도 있으므로 6개년 평가원 6월, 9월 모의고사의 21, 29, 30번만 모아서 최소 3번 이상 풀면 좋습니다. 어려운 문제는 5번 이상까지 풀어보세요.

[영어] 〈수능완성〉, 〈수능특강〉을 열심히 공부해야 합니다. 수능에는 연계 지문이 많이 나오기 때문이에요. 연계교재를 여러 번 반복해서 풀어보세요. 지문별로 주제, 제목을 정리하고 중요한 문자, 중요한 문법에도 표시를 하면서 정리합니다. 이런 교재를 많이 볼수록 수능 시험장에서 지문들이 바로바로 떠오를 거예요.

[사탐] 수능을 100일 앞두고 한 번도 받아본 적 없는 성적을 받아서 좌절한 친구가 있어요. 수능 100일 전에 사탐이 3 · 3이 나왔는데 수능 최저도 못 맞추는 성적이었죠. 그래서 틀렸던 모든 선지를 외우다시피 해서 수능장에 들어가겠다는 각오를 했대요. 엄청 두꺼운 노트를 사서 단원별로 지금까지 풀었던 모든 문제집에서 틀린 모든 선지를 적었어요. 하루에 한 시간 정도는 그 노트를 읽으면서 답을 가리고 OX 퀴즈를 반복했습니다. 이렇게 하면 내가 몰랐던 선지를 거의 외우게 되기 때문에 시험문제에서 말장난에 넘어가는 실수를 줄일 수 있어요. 이렇게 공부한 결과 이 친구는 수능에서 1, 2등급을 받았습니다. 물론 원하던 고려대 경제학과에도 입학했어요.

실전 연습을 하자

개념이 완성되었다면 이제 중요한 건 실전 연습입니다. 일주일에 하루는 수능시간표 대로 살아보는 것도 좋습니다. 수능처럼 시험 시간 2시간 전에 일어나서 수능시간표대로 문제를 풀다가 밥 먹는 시간도 맞춰요. 졸리면 점심시간에만 잠을 자고요. 다 끝나면 오답노트까지 해서 하루를 마무리합니다. 이처럼 100일 전부터는 수능시간표대로 생활 패턴을 맞추는 것을 추천합니다.

사탐의 경우에는 30분이라는 짧은 시간에 문제를 풀고 OMR 카드도 체크해야 해서 정신이 없죠. 그래서 수능 100일 전부터 사탐을 빨리 푸는 연습을 하는 것도 좋아요. 예를 들면, 20분 안에 탐구를 다 풀 수 있게 여러 번 연습을 해보는 거예요. 이렇게 연습하다 보면 시간이 점점 단축될 거예요.

해야 할 공부량을 구체적으로 계획하자

해야 할 공부량을 구체적으로 명시하세요. 그냥 '수학 문제집을 푼다'가 아니라 어떤 문제집의 1단원의 A단계를 몇 번부터 몇 번까지 풀겠다, 영어 문제집의 몇 쪽부터 몇 쪽까지 오늘 끝내겠다, 이런 식으로 세세하게 목표를 세워놓는 게 좋습니다.

이렇게 목표를 설정한 다음에는 하루를 시간대별로 쪼갭니다. 시간 단위는 자신에게 맞게 하면 되는데요. 예를 들어, 한 시간마다 목표의 어떤 부분을 끝낼 건지 다 적어두는 거죠.

그런 다음에는 실제로 공부한 시간을 적어요. 목표한 양을 끝냈는지, 또 시간을 어떻게 낭비했는지 다 적어둡니다. 플래너를 활용하면 좋겠죠. 이렇게 하면 내가 낭비한 시간을 어떻게 더 효율적으로 쓸지 고민하게 됩니다. 이런 식으로 계획한 하루 공부량을 채우는 데 최선을 다해보세요.

얼마 안 남았다는 생각이 들지 모르지만 성적을 올리기에 충분한 시간입니다. 긴장과 희망을 놓치지 말고 최선을 다해서 원하는 결과를 얻기 바랍니다.

수능이 100일밖에 안 남았는데 탐구 성적이 안 올라요

고3 때 탐구 선택과목을 바꿨지만 원하는 성적을 받고 연세대에 입학한 친구가 있어요. 이 친구는 원래 생활과 윤리, 그리고 사회문화를 선택해서 1학년 때부터 열심히 공부를 했었어요. 그런데 생활과 윤리를 잘하는 친구들이 너무 많고, 아리스토텔레스 같은 부분이 너무 어렵게 느껴졌죠. 고3이 됐는데 이걸로는 수능 1등급이 안 나올 것 같은 느낌이 들었대요. 포기를 하느냐 모험을 한번 해보느냐! 후자를 택해서 한국지리로 바꿨어요. 그런데 역시나 남들이 2~3년에 걸쳐 공부한 것을 몇 개월 만에 따라 잡으려고 하니까 잘 안 되었죠. 수능 100일 전에 마음이 싱숭생숭해서 새로운 노트를 꺼내서 '사탐 한국지리 100일 노트'라고 쓰고 그때부터 공부를 다음과 같이 시작했어요.

하루 동안 개념을 쭉 훑는다

우선 첫날에 한국지리 개념서(아무거나, 교과서도 괜찮고 EBS 교재도 괜찮음)를 보면서 하루에 개념을 쭉 훑어요. 평소 이해가 안 됐던 거나 약간 헷갈리는 내용의 개념정리를 노트에 내 손으로 직접 하는 거예요. 표를 그려도 좋고요. 우리나라 지도를 그려가지고 직접 정리하면 더 기억에 오래 남으니까요. 개념을 그날 다 봤으니까 성취감을 느낄 수 있고, 생생하게 기억나니까 자신감이 생겼답니다.

문제를 풀어보고 틀린 문제를 노트에 정리한다

그다음 날이나 다음다음 날 자신감이 생긴 상태로 EBS 교재를 풀어요. 그런데 자신감에 비해 생각보다 문제를 많이 틀릴 거예요. 당황하지 말고 100일 노트를 꺼낸 후 틀린 문제를 잘라내서 노트에 붙이세요. 어차피 수능이 100일 남았기 때문에 책을 다시 볼 시간이 없을 거라는 각오를 해야 해요. 그래서 이 책을 지금 한 번만 보고 모두 내 머릿속에 넣어버리겠다는 심정으로 문제를 다 잘라내서 노트에 붙이는 거예요. 한 문제를 붙이면 그 밑에다 이 문제를 왜 틀렸는지 살펴보고 이 문제에서 필요로 하는 개념을 다시 한 번 써보세요.

노트를 반복해서 풀어본다

만약 〈수능특강〉을 그렇게 한 번 끝냈다면 틀린 문제들을 많이 붙여놓게 되잖아요. 그럼 그 문제들을 다시 한 번 봐야겠죠? 문제를 다시 풀었는데 틀린 문제는 옆에 동그라미를 쳐두고, 또 풀어본 다음에 틀린 문제를 형광펜으로 체크하는 거예요. 틀리는 문제가 줄어들 즈음에는 〈수능완성〉을 풀어요. 점점 오개념을 고쳐나가면서 다지는 느낌으로 공부하는 거죠.

이런 과정이 다 끝나면 한반도 지도를 그려서 연평균 기온이나 강수량 같은 것을 나름대로 따로 정리해서 완벽하게 외워요. 그다음에는 또 다른 지도를 똑같은 방법으로 외워요. 그 문제들을 다 풀어도 안 외워지는 문제 2~3개가 남을 거예요. 그런 문제는 다시 정리를 해서 완전히 흡수해야 합니다.

이렇게 하면 수능 날 이 노트 하나만 가지고 가면 한국 지리를 든든하게 볼 수 있다는 장점이 있습니다. 이 방법은 한국지리뿐만 아니라 다른 사탐과목, 생활과 윤리나 윤리와 사상 같은 과목들에도 적용할 수 있어요. 이처럼 노트를 이용한 공부법으로 효율적으로 공부하고 자신감도 얻기를 바랍니다.

수능 생각만 해도 너무 떨리는데 어떡하죠?

수능을 30일 앞두고 긴장되는 분이 많을 텐데요. 정말 중요한 것이 있습니다. 결론부터 말하자면 30일 전부터 내 몸을 수능에 최적화시켜야 합니다. 흔히 생체리듬을 맞춘다고 하죠.

수능 시험 당일을 시뮬레이션하자

수능 당일에 긴장을 완화시키기 위해 한 달 전부터 매일 수능 시험장을 상상하세요. 단순히 '시험장 가서 시험 보고 쉬는 시간 있고 시험이 끝났다' 이런 게 아니라 아주 세세하게 머릿속에 그리는 것이 중요합니다. 그날 아침에 어떻게 일어나서 밥을 먹고 수능 시험장에는 어떻게 가서 감독 선생님이 들어오기 전까지는 뭘 할지 생각해보세요. 그리고 시험지 나눠주기 전까지 책을 못 보게 되어 있잖아요. 그때 뭘 해야 할지, 어떤 생각을 해야 할지 막막하니까 그런 것에 대한 마인드 컨트롤도 해보고요.

시험지를 받고 어떻게 해야 할지, 시험지는 어떤 순서로 풀어야 할지, 앞에서부터 풀지 뒤에서부터 풀지 자기 스타일에 맞는 것도 생각해보고 OMR 카드를 어떻게 작성해야 할지, 그런 것 하나하나 다 생각해서 시험장에 들어가세요. 이렇게 하면 실제 수능 당일 수험장에 들어가도 덜 떨리는 것 같아요. 그러니까 머릿속으로 그날을 계속 시뮬레이션해보세요.

평소 공부를 수능 시간표에 맞춘다

여러분의 마음뿐만 아니라 몸과 머리도 수능 시간표에 맞게 세팅하세요. 평소 공부할 때 국어 시간에 국어 공부를 하고 수학 시간에 수학 공부를 하는 식으로 수능 시간표와 비슷하게 공부하는 거죠.

아침에 일어나자마자 국어 문제를 풀어요. 한 문제당 1분씩 풀면 보통 수능에서 필요한 시간과 딱 맞거든요. 이렇게 문제를 풀면 일단 집중력이 확 올라가서 잠이 깹니다. 수능 시험장에서는 1교시가 국어 시간이잖아요. 약간 몽롱한 상태에서 국어의 긴 지문을 읽어야 하는데 평소에도 잠에서 막 깬 상태에서 글을 읽는 연습을 하면 도움이 될 거예요.

영어도 마찬가지예요. 점심 먹은 후 3교시가 영어 시간이잖아요. 점심 먹고 바로 영어 듣기를 하게 되니까 똑같은 시간에 영어 듣기를 하는 거예요. 시험장에서 어떤 소음도 나지 않는다는 확신을 할 수 없기 때문에 공부할 때부터 여러 변수 속에서 연습을 하면 좋습니다. 1.5배속에 조금 시끄러운 환경에서 영어 듣기를 하는 거죠.

이처럼 수능에 몸과 마음을 맞춰가며 담담하게 최선을 다하는 것이 중요합니다. 수능 일이 다가올수록 가슴이 두근두근하겠지만 수능 끝나고 자유롭고 행복해질 자신을 상상하며 조금만 더 힘냅시다.

수능장 반입 금지 물품에는 어떤 게 있나요? tip

먼저 한국교육과정평가원 사이트에 기재된 사항을 보겠습니다. 다만 이것은 2019년 기준이니 사이트를 확인해보길 바랍니다.(www.suneung.re.kr)

시험장 반입 금지 물품: 휴대전화, 스마트기기(스마트워치 등), 디지털 카메라, 전자사전, MP3 플레이어, 카메라펜, 전자계산기, 라디오, 휴대용 미디어 플레이어, 통신·결제기능(블루투스 등) 또는 전자식 화면표시기(LED 등)가 있는 시계, 전자담배, 통신(블루투스) 기능이 있는 이어폰 등 모든 전자기기

휴대 가능 물품: 신분증, 수험표, 흑색 연필, 지우개, 샤프심(0.5mm, 흑색), 흰색 수정테이프, 검은색 컴퓨터용 사인펜, 통신·결제기능(블루투스 등) 및 전자식 화면표시기(LCD, LED 등)가 없는 시침, 분침(초침)이 있는 아날로그시계 등

시험장 반입 금지 물품을 불가피하게 시험장에 반입한 경우: 1교시 시작 전에 감독관의 지시에 따라 제출해야 하며(미제출시 부정행위 간주) 응시하는 모든 영역/과목의 시험 종료 후 되돌려받음

개인의 신체 조건이나 의료상 휴대가 필요한 물품은 감독관의 사전 점검을 거쳐 허락받은 후 사용할 수 있습니다. 예를 들어, 돋보기나 귀마개 같은 건 점검을 거치면 사용할 수 있어요. 핫팩이나 방석, 담요 같은 것을 들고 가는 경우에는 시험 감독관에게 매 교시 확인을 받아야 사용할 수 있습니다.

수능 샤프를 시험 당일에 나눠주는데 샤프가 망가지면 어떻게 하나 걱정하는 분도 있을 거예요. 개인 샤프는 허용되지 않지만 연필은 사용할 수 있습니다. 만약에 대비해서 연필을 몇 자루 준비하는 것을 추천합니다.

수능 시험장에는 벽시계가 없기 때문에 손목시계는 필수입니다. 이때 중요한 건 무조건 아날로그시계여야 한다는 거예요. 눈금이 모두 나와 있고 침 단위가 세세한 시계를 사용해야 몇 분이 남았는지 정확히 계산할 수 있습니다.

이런 규정을 참고해서 가방을 싸고 더 궁금한 게 있으면 학교 선생님에게 물어보는 게 가장 정확합니다.

수능 시험 날,
쉬는 시간에
뭘 해야 하나요?

수능 시험장의 분위기를 궁금해하는 학생이 많습니다. 쉬는 시간에는 대체 뭘 해야 할지도 고민일 텐데요. 그래서 수능 당일 쉬는 시간을 어떻게 보낼지 팁을 드리겠습니다.

주변 사람이 뭘 하든 내 할 일을 하자

우선 굉장히 중요한 점은 절대 옆 사람을 신경 쓰지 말라는 것입니다. 옆에 누가 앉아서 뭘 보고 있든 신경 쓰지 마세요. 그런 걸 신경 쓰다 보면 멘탈이 흔들릴 수 있어요. 주변 사람을 신경 쓰지 않으려면 미리 쉬는 시간에 할 일을 생각해놓는 게 좋아요. 할 일 리스트를 메모해놓으면 좋지만 혹시 부정행위로 오해를 받을까 봐 신경 쓰일 수 있으니 가능하면 머릿속에 기억해둡시다.

쉬는 시간에 할 일은 과목별로 조금씩 다르다

[국어] 국어 시험 전 쉬는 시간에는 정리된 국어 문법 개념을 살펴보고요. 너무 어렵거나 쉽지 않은 중간 난이도의 비문학 문제를 풀면서 워밍업하면 좋습니다. 아무리 수능 전날 공부를 했다 하더라도 국어 문제를 푸는 감은 정말 중요하거든요. 적정 난이도의 문제를 풀어서 실전에 들어갔을 때 좀 더 유연하게 풀 수 있도록 긴장감을 늦추고 감을 살리는 거죠.

[수학] 수학 시험 전 쉬는 시간에는 오답노트를 다시 보는 것을 추천합니다. 어떤 단원에서 어떤 부분을 중점적으로 틀린다면 그 부분을 요점정리해서 가져가면 좋습니다.

[영어] 영어도 국어와 똑같은 언어영역인 만큼 국어처럼 적정 난이도의 영어 지문을 풀면 좋아요. 그리고 연계교재에서 헷갈렸

던 영어 지문을 찾아보면 기억에 오래 남을 수 있겠죠.

[탐구] 탐구 과목은 암기 과목이다 보니 전체를 다 훑을 수는 없어요. 그렇기 때문에 직접 정리한 요점이나 자료 위주로 공부하는 게 좋습니다. 사회문화의 경우 자주 헷갈렸던 용어를 정리해 가서 보거나 도표를 보면 도움이 됩니다. 법과 정치 같은 경우에도 선지 하나하나를 정리한 오답노트를 다시 보는 것을 추천합니다.

이 모든 게 가능하려면 수능 보기 전에 필요한 것을 미리 준비해서 가야 해요. 평소에 각 과목을 꼼꼼히 공부해서 내가 어떤 부분이 부족하고 어떤 부분을 잘하는지 파악해놓아야 수능 당일에 긴박한 상황에서도 침착하게 대비할 수 있습니다.

그렇다고 너무 많이 들고 가지는 마세요. 가방도 무겁고 다 볼 수도 없으니까요. '이것만은 꼭 봐야겠다' 하는 걸 위주로 꼼꼼히 챙겨가기 바랍니다.

수능 대비하기 좋은 문제집을 추천해주세요

연고티비 크리에이터들이 직접 풀어본 기출문제집을 추천할게요. 먼저 기출문제집을 고르는 방법에 대해 이야기해보겠습니다.

해설집이 얼마나 잘되어 있는가

기출문제집은 말 그대로 기출문제를 모아놓은 것이기 때문에 문제는 다 똑같아요. 중요한 것은 해설집이 얼마나 잘되어 있는가 하는 것입니다. 해설을 보자마자 '아, 이래서 이게 정답이구나'라고 이해를 할 수 있을 정도가 되어야 살 만하다고 생각해요. 더 자세히 설명하자면, 해설을 볼 때 다음 네 가지를 잘 살펴보세요.

① 정답이 정답인 이유

② 오답이 오답인 이유

③ 답이 나오기까지의 과정

④ 비슷한 유형을 풀 때 어떻게 풀어야 하는지

이 네 가지가 잘 설명되어 있는 해설집을 사는 게 좋습니다.

문제집이 어떻게 구성되어 있는가

문제집이 어떻게 구성되어 있는지 확인하세요. 'DAY 1, 2, 3' 이렇게 일별로 구성되어 있는 문제집이 있는데요. 하루에 얼마나 풀어야 할지를 이 문제집이 정해놓은 것이죠. 이런 문제집은 그 구성만 따라가도 꾸준히 문제를 풀어볼 수 있다는 장점이 있어요. 학기 중에는 하루치만 풀었다면 시간이 더 많은 방학에는 2~3일치씩 풀면 좋습니다.

단원별이나 시험별로 되어 있는 문제집도 있는데요. 보통 고

1, 2학년 때는 수능이 어떤 시험인지를 알아가는 과정에 있기 때문에 단원별로 되어 있는 것을 사면 좋습니다. 그 단원의 개념을 익힐 수 있고, 기출문제를 통해 단원을 복습할 수도 있기 때문이에요. 고3이라면 진짜 시험을 대비해야 하기 때문에 시험별로 나뉜 문제집을 선택해서 실제 시험처럼 시간을 재면서 풀어보기 바랍니다.

그럼 이제 기출문제집을 추천해드리겠습니다.

국어: 마르고 닳도록(마닳)

연고티비 크리에이터들이 많이 추천한 〈마르고 닳도록〉이라는 문제집입니다. 기출문제는 분석을 해야 하잖아요. 이 문제집은 해설집이 정말 잘되어 있어요. 지문 분석이 깔끔하고 선지 분석도 하나하나 상세하게 되어 있어서 기출문제 분석에 안성맞춤입니다. 그리고 해설집에는 선지 선택 비율 같은 것도 쓰여 있어서 남들이 얼마나 그 문제를 헷갈렸고 나처럼 틀렸는지, 이런 것들을 알 수 있어서 오답을 분석하기 좋아요. 설령 문제를 맞혔다고 하더라도 헷갈렸던 문제라면 왜 내가 헷갈렸는지 알 수 있겠죠?

또한 문제에 나오는 핵심 개념도 잘 정리되어 있어요. 문법 같은 경우에는 개념을 꼭 알아야 하는 문제가 있어서 도움이 됩니다. 비문학 같은 경우에는 지문 내용도 간략하게 정리돼 있어서 문제에 포함된 중요 내용을 상기시키기 좋습니다.

이 문제집은 해설집이 분리되어 있어 문제집만 따로 살 수 있어요. 그러니까 회독을 하고 싶을 때는 문제집만 사면 됩니다.

국어: 매3 시리즈(키출판사)

'매3문', '매3비', '매3문법' 등 여러 시리즈가 있어요. '매3'은 '매일 지문 3개씩 푸는'을 줄인 말이에요. 국어 모의고사를 풀면 80분이 걸리니까 부담스럽잖아요. 이 책은 하루에 풀 양을 3개의 지문(12~13문제)으로 일정하게 정해두었어요. 지문을 3개씩 풀면서 본인의 실력이나 푸는 속도, 정확도 같은 것을 체크할 수 있는 시스템의 문제집입니다. 한 지문이나 문제당 풀 수 있는 적정 시간도 표기되어 있어서 실전에 대비하기 좋습니다.

또한 문제를 푼 뒤에는 마지막 부분에 채점할 수 있는 표와 분석 기준이 있어서 자신을 점검하면서 독학하기에 용이합니다. 국어 공부를 어떻게 해야 할지 모르는 학생들에게 좋은 습관을 길러줄 수 있는 책인 것 같아요.

그런데 이게 기출문제집이다 보니까 고등학교 저학년 때 푸는 것은 추천하지 않습니다. 기출을 너무 빨리 접하면 본격적으로 기출을 볼 때 다 기억이 나거든요. 그러면 객관적인 실력을 체크해볼 수 없으니까 1학년 때는 기출문제집을 조금 맛보는 정도로 만 공부했으면 합니다. 국어 기출에 대해 알아보고 꾸준히 풀어 나가면서 적응을 하고 싶은 고2 이상의 친구들에게 이 책을 추천합니다.

국어: 상상국어 N제(상상국어평가연구소)

이 문제집의 가장 큰 장점은 평가원 모의고사가 담긴 게 아니라는 것입니다. '상상 모의고사'라고 하는 실전 모의고사가 있어요. 그 모의고사 문제 중에서 좋은 문제들을 다 골라서 모아놓은 문제집입니다. 평가원은 아니지만 '평가원스러운' 문제들이 많이 들어 있어요. 평가원 문제는 한정되어 있으니 이 문제집으로 대신 연습하면 좋습니다. 그리고 답지에는 출제자가 이 문제를 출제한 의도가 엄청 자세하게 적혀 있어요. 답지가 상세하기 때문에 오답노트를 할 때 도움이 됩니다.

또한 문학 책에는 교과서에 나와 있지 않은 아주 다양한 문학 작품과 문제들이 수록되어 있어서 내신과 모의고사 공부 모두에 유용합니다. 그리고 문제 사이에 공간이 넓어서 오답 정리를 이 공간에 바로 할 수도 있어요. 노트를 따로 만들면 시간도 많이 걸리고 힘들잖아요. 선지마다 왜 답이고, 왜 답이 아닌지 자세히 적을 수 있는 공간이 많아서 오답 정리하기에 좋습니다.

이 책이 '평가원스럽다'고 했지만 덜 평가원스러운 문제가 있을 수도 있어요. 그런 문제들은 걸러내며 풀어도 될 것 같습니다. 평가원 문제를 아껴두고 다른 것을 먼저 공부한 뒤에 평가원 문제를 풀고 싶다면, 혹은 평가원 문제를 다 풀어서 더 이상 풀 게 없다면 이 책을 추천합니다.

수학: 자이스토리(수경출판사)

이 문제집은 날짜별로 분류되어 있어서 스스로 계획을 세우기 힘들어하는 학생들이라면 하루에 얼마나 공부할지 계획을 짜기 수월할 거예요. 동시에 단원별로 분류되어 있어서 단원들 중에서 자신이 취약한 부분을 공부하기 좋습니다. 이걸 내가 왜 틀렸고 비슷한 문제들을 어떻게 풀어나갈지 해설집을 보면서 확인할 수 있어요. 더 자세히 구성을 들여다보면 ① 기본 기출 문제 ② 유형 기출 문제 ③ 1등급 고난도 마스터로 난이도가 점점 높아져요. 그렇기 때문에 기초가 부족한 학생이라도 낮은 난이도부터 차근차근 풀 수 있습니다.

이 문제집이 특이한 점은 중간중간 이 문제를 어떻게 풀어야 하는지 선배들의 꿀팁이 들어 있다는 거예요. 이런 걸 보면서 '선배들은 어떻게 생각했고 모범적으로 풀려면 어떻게 해야 하는구나'라는 생각도 들고요. 나머지 설명도 아주 잘되어 있습니다.

탐구: 시뮬SIMUL(골드교육)

이 문제집은 수능 시험지와 거의 비슷하게 되어 있어서 수능 실전 느낌을 내기에 정말 좋을 것 같아요. 그리고 이것은 전국연합 3년간 모의고사를 모아둔 문제집입니다. 평가원뿐만 아니라 교육청 모의고사, 유명 사설 학원들의 모의고사도 다 모아놨기 때문에 요즘 어떤 문제가 유행인지 알 수 있고 자신의 실력이 어느 정도인지 파악하는 데 도움이 됩니다.

문제집 앞부분에는 모든 등급 컷이 표기되어 있어요. '평가원 기준'을 보면 전국 기준으로 내 등급이 어느 정도인지 알 수 있고, 사설 모의고사 같은 경우에는 잘하는 학생들이 모여 있기 때문에 그중에서도 내가 몇 등급 정도인지를 알 수 있어요. 수능 전에는 자신의 패턴을 모의고사 패턴에 맞추는 게 중요하다고 하잖아요. 이 문제집 한 권에 몇 십 개의 모의고사가 들어 있기 때문에 수십 일 동안 이걸 계속 풀 수 있다는 게 장점이에요. 기출의 양이 많기 때문에 '기출 양치기'를 하기에 좋은 거죠. 여름방학부터는 과탐에 집중해야 할 시기인데요. 그럴 때 이처럼 양이 많은 문제집을 추천드리고 싶어요.

단, 한국사 기출문제집은 영어와 마찬가지로 추천할 문제집이 없습니다. 한국사는 계속 문제를 풀고 모의고사를 보다 보면 꼭 나오는 문제가 나오더라고요. 예를 들어, 빗살무늬 토기, 청동기의 무기, 이런 것처럼. 그러니까 그냥 모의고사 정도만 봐도 파악을 할 수 있고, 〈수능특강〉 같은 경우에는 훑어만 봐도 될 정도로 알차게 정리되어 있어요. 그렇기 때문에 굳이 책을 더 사지 않고 개념만 정리하고 풀어도 충분하지 않을까 합니다.

탐구: 마더텅 수능기출문제집(마더텅)

이 책에는 문제가 엄청 많아서 거의 모든 유형이 다 들어 있다고 보면 돼요. 그래서 내가 약한 부분을 보충하기 좋습니다. 내가 몇 단원이 부족하다 싶으면 그 부분만 다 풀어보면 감이 좀 오거든요.

이 책을 사면 부교재로 '기출 핵심 OX'를 주는데요. 이것은 선지 하나하나를 잘라놓아서 선지가 맞는지 틀렸는지 분석해주는 자료입니다. 또 하나의 특징은 해설집이 문제집보다 더 두껍다는 거예요. 자세할 뿐 아니라 중요한 것을 보기 편하게 구성되어 있어서 혼자 공부하기 편해요.

단점은 문제가 너무 많아서 풀기 싫을 수 있다는 거예요. 책이 너무 무겁기도 해요. 이 세상 모든 기출문제를 보고 싶은 학생들에게 이 책을 추천합니다.

영어는 연계교재로 충분하다

영어 기출문제집은 저희 관점에서는 추천할 게 없었습니다. 왜냐하면 영어는 EBS 〈수능특강〉이랑 〈수능완성〉이 있잖아요. 두 교재의 연계율이 70%이기 때문에 그것을 분석하고 외우는 것만 해도 시간이 모자라죠. 그래서 굳이 기출문제를 찾아서 푸는 걸 추천하진 않습니다. 수능 감을 찾고 싶은 분이라면 기출문제집보다 EBS에서 문제를 뽑아 푸는 게 더 효율적일 겁니다.

체육교육학과는 공부 못해도 갈 수 있나요?

체대 입시는 운동만 하면 된다고 생각하는데 그렇지 않습니다. 체대 입시에도 공부가 가장 중요해요. 체대 입시는 수시도 있긴 하지만 정시가 대부분이거든요. 그래서 수능이 끝나고 실기를 준비할 즈음에 수능 성적으로 먼저 학교를 정한 후 실기를 준비해요. 수능 성적에 맞춰서 실기를 시작하기 때문에 수능 성적이 가장 중요합니다. 연세대 체육교육학과에 다니는 친구의 사례를 통해 체육교육학과에 관해 알려드릴게요.

수능과 실기를 병행하는 팁

수능은 체대 입시생들끼리만 보는 게 아니잖아요. 수능 80%, 운동 20%이라든가 그런 게 중요한 게 아니라 공부에 100% 투자해야 해요. 밥 먹을 시간, 잘 시간을 줄여서 운동은 틈틈이 하는 거죠. 사실 운동하는 시간이 아깝다는 생각이 들 때도 있는데 실기에 대비해서 체력관리는 확실히 해두는 게 좋아요. 자기 전에 집 앞 공원에서 달리기도 하고 집에서 영단어를 외우면서 '홈트레이닝'을 해도 좋아요.

체대 입시학원을 다니는 시점

이 친구는 연세대 수능 끝나고 나서부터 체대 입시학원을 다니기 시작했어요. 실기학원을 그렇게 짧게 다니는 사람이 많지는 않은데 이 친구는 시간을 많이 뺏길 수 있다고 생각해서 그렇게 했답니다. 수능이 끝난 뒤에는 실기학원에 가는 걸 추천하는데요. 같은 학교를 준비하는 친구들과 함께 준비할 수 있고 실제 시험장과 비슷한 환경에서 운동할 수 있기 때문이죠.

체대생이 다 운동선수 출신은 아니다

연세대의 예를 들자면 운동선수인 사람도 있고 아닌 사람도 있어요. 운동선수는 연고전에 나가는 운동부 5개부(야구, 농구, 빙구, 럭

비, 축구) 선수들이에요. 그 친구들은 운동 성적만 보고 수시로 따로 선출해요. 수능과 실기를 보고 들어온 친구들은 체육 쪽으로 공부하고 싶어서 들어온 거고요.

체육교육학과에서 배우는 것

흔히 체육교육학과 하면 수업 시간에 항상 운동을 할 거라고 생각하는데 그렇진 않습니다. 체육교육학과에서는 스포츠 의학 관련 내용을 많이 배우고 스포츠응용산업학과에서는 스포츠 산업에 관련된 걸 주로 배웁니다. 그 외에 스포츠 심리학, 스포츠 사회학, 스포츠 경영학 등 많은 것을 배웁니다. 예를 들어, '운동과 스포츠 생리학', '근골격 구조학' 같은 과목이 있어요. 스포츠에 관한 모든 것을 배운다고 생각하면 됩니다.

실기를 어디서 하는지도 궁금할 텐데요. 연세대의 경우 육상 교수법은 송도에 있는 대운동장에서 하고 체조는 종합관에서 합니다. 수영은 연대 신촌 캠퍼스 체육교육관 2층에 있는 수영장에서 합니다.

졸업 후 진로

스포츠 의학을 많이 배우니까 물리 치료사가 될 수도 있고 선수들 분석하는 사람이 될 수도 있어요. 스포츠 마케터, 스포츠 매니

지먼트, 스포츠 캐스터가 될 수도 있어요. 대한체육회에서 일하거나 체육 선생님이 될 수도 있습니다.

무작정 운동만 시작하지 말고 학교별로 수능과 실기 비율이 나와 있으니까 그걸 잘 봤으면 좋겠습니다. 요즘 수능 비율이 점점 커지고 있으니 공부에 최선을 다했으면 좋겠어요. 공부도 잘하고 운동도 잘하고 체력관리도 잘하는 게 쉽진 않지만 힘들어도 세 마리 토끼를 잡기 바랍니다.

2022년부터 문·이과 통합형 수능

2019년 현재 고1 학생들이 치를 2022학년도 대학수학능력시험은 문·이과 통합형으로 치러집니다. 2015 개정 교육과정 취지에 맞춘 것인데요. 교육부는 융합형 인재 양성을 목표로 문·이과 통합을 제시했습니다.

국어는 공통과목(독서·문학) 외에 화법과 작문, 언어와 매체 중 하나를 선택하면 됩니다. 문·이과가 통합된 수학은 수학 I ·수학 II 를 공통과목으로 치르고 확률과 통계, 미적분, 기하 중 한 과목을 선택하면 됩니다.

사회·과학탐구 영역에서는 계열 구분 없이 최대 2과목을 응시할 수 있습니다.

영역별 변별력을 유지하면서도 선택과목 취지를 살리기 위해 공통·선택과목 비중이 각각 75%, 25%가 되도록 수능문제를 출제한다고 합니다.

또한 공통과목과 선택과목 문항이 합본(1권) 형태 문제지로 제공됩니다.

문항 유형은 현행처럼 객관식 5지 선다형을 기본으로 하되 수학 영역에서는 공통과목과 선택과목별 문항 수의 30%(총 9문항)가량이 단답형 문항으로 출제됩니다.

그런데 서울 주요 대학들은 자연계열 모집에서 수학·과학 선택과목을 별도로 지정했습니다. 2022학년도 수능에서 경희대·고려대·서강대·서울과기대·서울대·성균관대·연세대·이화여대·중앙대 등 9개 대학은 자연계열 전형에서 수학 선택과목인 '기하'와 '미적분' 중 1개를 반영하기로 했습니다. 확률과 통계를 선택한 학생은 이들 대학에 지원할 수 없는 거죠. 또 경희대·고려대·서강대·서울대·성균관대·연세대·이화여대·인천대·중앙대·한양대(ERICA) 등 9개 대학은 자연계열 전형 탐구영역에서 과학과목 2개를 선택과목으로 지정했습니다.

인문계열의 경우에는 현재까지 특정 과목을 선택해야 한다는 식의 지정 계획을 발표한 학교는 없습니다.

결국 대학의 전공들에서 원하는 핵심 지식이 있는 경우가 많기 때문에 바뀐 교육과정 안에서도 자신이 관심 있고 희망하는 분야를 발전시켜나가는 것이 중요하다고 볼 수 있습니다.

대학 가면 정말 이래요?

- 대학생활 -

5장.

새내기가 알아야 할 용어를 알려주세요

대학생활은 고등학교 때와 많이 다르고 모르는 용어도 많이 등장하죠. 대학에 갈 그날을 상상하며, 새내기라면 알아야 할 필수 상식을 알아보겠습니다.

OT(오리엔테이션)

OT는 학과에 대한 공식적인 설명을 듣는 곳입니다. 처음 보는 친구들과 나름의 친밀도를 쌓는 곳이기도 하죠. 하지만 이때까지는 같은 고등학교 출신이 있으면 그 친구들끼리 뭉쳐 다니는 경향이 강해요. 그러니까 아직 친한 친구가 없다고 소외감을 느끼거나 조바심을 가질 필요가 없습니다. 대학 친구를 사귈 기회는 많이 있으니까 걱정하지 마세요.

사실 OT는 꼭 가지 않아도 OT에서 소개하는 내용은 나중에 다 알게 될 것이기 때문에 가든 안 가든 본인의 자유입니다. 그런데 OT 끝나고 뒤풀이를 해요. 그래서 뒤풀이만 가는 친구들도 있어요. 동기들하고 얼굴도 좀 트고 선배들이랑 인사도 하고 싶으면 뒤풀이만 가도 좋을 것 같습니다.

새터(새내기 배움터)

새터는 새로 배움터, 새내기 배움터 등 다양한 이름을 가지고 있어요. OT 이후에 공식적으로 새로운 친구, 선배들을 만나는 자리죠. 이때는 새로운 친구들과 본격적으로 대화의 물꼬를 틀 수 있고 친밀도를 올릴 수 있는 기회입니다.

새터는 보통 2박 3일로 가는데 2월에 하는 다른 행사에는 못 오는 친구들도, 혹은 지방에 사는 친구들도 많이 오는 행사예요.

그래서 정말 많은 동기들을 만날 수 있는데요. 처음 보는 친구들과 잠을 같이 자고 술도 마시고 하니까 좀 쉽게 친해질 수 있는 것 같아요. 하지만 새터를 못 간다고 해서 너무 슬퍼하지는 마세요. 새터에 안 가도 친해질 사람들은 알아서 친해지니까요. 새터에 안 간다고 친구를 못 사귀는 게 아닙니다.

공강 시간

'공강'이란 수업이 없는 교시 혹은 요일을 뜻합니다. 수업과 수업 사이에 공강이 있을 수도 있고, 특정 날에 수업을 하나도 넣지 않았다면 그 날짜 자체가 공강이 됩니다.

공강을 어떻게 활용하느냐가 대학생활을 좌우합니다. 공강 시간이 겹치는 친구나 선배가 있으면 이 시간에 식사 약속을 잡기도 하고 함께 시간을 보내기도 해요. 그런데 나 혼자 공강이 있거나 우주 공강(수업과 수업 사이의 우주만큼 넓고 긴 시간)이 있다면 갈 곳이 없고 외로울 수도 있어요. 그러니까 수강신청을 할 때 공강에 유의해서 시간표를 짜기 바랍니다.

학점

학점은 두 가지 의미로 씁니다. 하나는 해당 수업에 배당되어 있는 시수를 뜻합니다. '한 주에 18학점을 듣는다'는 식으로 쓸 수 있죠. 다른 하나는 학기가 끝나고 받는 점수를 의미합니다. '이번에 학점 4.5다'라는 식으로 말하죠.

밥약/술약

밥약은 밥 약속, 술약은 술 약속의 줄임말입니다. 이 두 가지는 새내기만 누릴 수 있는 특별한 경험인데요. 새터나 다른 수업을 들으면서 친해진 선배나 동기들과 함께 밥을 먹거나 술을 마시는 겁니다. 이때 후식까지 같이 먹게 되니까 식사까지는 선배에게 얻어먹고 후식은 후배가 사는 경우가 많습니다.

3월에 밥약을 많이 하는데요. 4월이 되면 어느 정도 친해지는데, 이때는 받은 걸 돌려줘야 할 때입니다. '보은 문화'라고 해서 후배가 밥을 사면서 보답하기도 합니다.

중도(중앙 도서관)

중도는 중앙 도서관의 줄임말입니다. 어느 학교에든 중도가 있고 아마 가장 큰 시설을 자랑할 거예요. 도서관마다 환경이 다르고, 학생들도 각자 공부하는 스타일이 다르고 선호하는 환경이 다를 텐데요. 학기 초에 학교에 있는 다양한 열람실을 다니면서 자신에게 잘 맞는 환경을 찾으면 학습 효율을 높일 수 있습니다.

개총(개강 총회)

개총은 개강 총회의 줄임말이며 다른 학교에서는 개강 파티라고도 해요. 새내기에게는 개강이 처음이니까 축하랄까 위로를 해주는 행사인데요. 학과에서 음식점 하나를 잡아서 같이 술도 마시면서 힘을 북돋는 시간이에요. 사실 선배들하고 안면 트려고 가는 느낌도 있으니 원하는 사람만 가면 됩니다. 개강 총회가 있으면 종강 총회도 있겠죠? 종강 총회는 종강을 진짜 서로 축하하는 분위기예요.

CC(캠퍼스 커플)

이건 다 알 거라고 생각해서 따로 설명하진 않겠습니다. 말 그대로 캠퍼스 커플이에요!

뻔선/뻔모임

뻔선 문화가 있는지 없는지는 학교와 학과마다 차이가 있습니다. 뻔선은 끝 학번이 같은 선배를 일컫는 말이에요. 2017XXXX70, 2018XXXX70 이런 식으로 말이죠. 끝 학번이 같은 선배들이 여러 명 모여서 뻔라인을 구성합니다. 뻔라인 사람들끼리 모이는 걸 뻔모임이라고 해요. 이렇게 높은 학번 선배들을 알게 되면 예전 리포트를 받아서 참고하거나, 같은 강의를 들은 선배의 필기를 받을 수도 있는 등 대학생활의 든든한 선배가 생기는 거죠.

새내기들은 대학 가서 친구관계를 어떻게 할지 선배들을 어떻게 대할지 걱정할 수 있는데요. 중학교, 고등학교 때 했던 것처럼만 하면 문제없을 거예요. 그리고 모든 행사를 다 나가야 친구가 생기는 게 아니에요. 친구관계가 불안하다면 새터 정도만 가도 충분합니다. 그러니까 의무적으로 다 참여하려고 할 필요는 없습니다. 부담 갖지 말고 편한 친구를 만들어서 행복한 대학생활을 보내길 바랍니다.

대학에 대한 로망, 실화인가요?

tip

새내기라면 대학생활에 로망이 많을 텐데요. 우선 미팅은 생각만 해도 설레죠. 사실 미팅은 3월에 많이 하는데 4월이 되면 은근히 귀찮아지기 시작합니다. 그래서 처음에는 선착순으로 마감되다가 나중에는 대타 구하는 사람이 많아지곤 해요.

MT에 대한 로망도 많죠. MT는 보통 1학년, 2학년 때 많이 가는데 그때 가는 MT는 재미있어요.

과잠(야구점퍼)에 대한 로망도 있습니다. 꾸미지 않은 듯하면서 난 대학생이라는 걸 티 낼 수 있는 아이템이기도 하죠. 1학년 때 과잠을 가장 많이 입고 다녀요. 학교에 입고 다니면 편하기도 하고 옷 고르는 게 귀찮을 때는 대학생의 교복 같은 느낌도 있어요.

대학 축제에서 연예인이 와서 공연하는 걸 기대하는 새내기도 많습니다. 축제 하면 또 주점을 빼놓을 수 없는데요. 이제는 주점이 주세법에 위반되는 거라 주류를 팔지 못하게 되었어요.

CC는 모든 새내기의 로망일 텐데요. 과 CC는 1학년 때 주로 하는데 CC가 잘 깨진다기보다 1학년 때 하는 연애가 빨리 깨지는 경향도 있는 것 같아요. CC의 장점은 혼자 있는 시간이 없다는 건데 단점도 혼자 있는 시간이 없다는 거예요. 그래서 같은 과 커플보다는 그냥 캠퍼스 커플이 서로의 시간을 존중해 줄 수 있어서 좋은 것 같습니다. 아무래도 같은 학교에 다니면 공감대가 형성되어서 좋아요.

수강신청은 뭐고, 어떻게 하는 거예요?

고등학교 때와 다르게 대학에서는 듣고 싶은 강의들을 선택해서 들을 수 있습니다. 매 학기가 시작되기 전에 자신이 듣고 싶은 강의를 신청하는 게 바로 수강신청입니다. 다만 학과마다 커리큘럼이 짜여 있어서 시간표가 짜여 있는 경우도 있는데요. 이런 경우에는 수강신청을 하지 않습니다. 학교마다 제각각이니까 미리 좀 알아보고 준비하는 게 좋습니다.

수강신청 방법

보통 대학교마다 있는 포털사이트에서 할 수 있고 일반적으로 선착순으로 진행됩니다. 수강신청을 하기 전에 '에브리타임' 같은 시간표 앱으로 미리 시간표를 짜두는 게 좋습니다. 이렇게 짜면 동선이 맞겠다, 시간을 효율적으로 쓸 수 있겠다, 하는 것을 고려해서 본인이 원하는 시간표를 만들어놓고 신청하는 거죠.

수강신청 망했다면?

사실 가장 간단한 방법은 이번 학기를 포기하고 휴학하는 건데요. 그건 쉽지 않기 때문에 교수님께 정원을 늘려달라고 메일을 써서 부탁하는 경우도 있습니다.

또 다른 방법도 있습니다. 수강신청 기간 내에는 자신이 신청한 과목들을 언제든지 취소할 수 있고 다시 신청할 수도 있어요. 그때 커뮤니티 사이트에 들어가서 다른 학생과 강의를 교환하는 방법입니다. 이건 불법이 아니지만 가끔 돈 받고 파는 사람이 있는데 그건 불법입니다.

또 하나의 방법은 남아 있는 수업을 '줍는' 것입니다. 시간표를 미리 짜놨는데 수강신청에 실패한 과목이 있다면 비는 시간들이 있겠죠. 그 시간에 내가 원하는 과목은 아니었지만 이 정도면 괜찮다고 생각하는 과목을 다시 신청하는 겁니다.

수강신청 잘하는 팁

클릭 속도도 중요하겠지만 처음에 시간표를 짜는 단계에서부터 중요한 것이 있습니다. 인기 있는 과목들만 들으려고 하면 수강신청이 많이 힘들어질 수 있어요. 그러니까 인기 과목과 비인기 과목을 잘 섞어서 시간표를 짜는 게 좋습니다. 내가 원하는 수업은 남들도 원하기 마련이니 너무 욕심 부리지 말자는 거죠. 우선순위를 둬서 어느 정도는 최선이 아닌 차선을 선택할 필요가 있습니다.

보통 포털사이트에서 수강신청을 하기 전에 자신이 희망하는 과목들을 장바구니에 담아둘 수 있는데요. 이때 제일 듣고 싶은 과목부터 상단에 두면 위에서부터 클릭하면 되기 때문에 편리합니다.

PC방에서 수강신청을 많이 하는데요. '네이비즘'이나 'UTCK' 같이 서버 시간을 알려주는 사이트가 있으니 활용하면 좋습니다. 그 서버의 시간을 보고 언제 열리는지 확인한 다음에 정각에 맞춰서 클릭하는 거죠. 이때 정각이 되기 직전에 누르는 게 좋아요. 그렇다고 59분에 누르면 '아직 수강신청 기간이 아닙니다'라고 뜨는데 그러면 망하는 거예요. 59분에서 정각으로 넘어가는 순간에 누르는 게 좋습니다. 그리고 서버에 접속할 때 크롬을 이용하는 것이 좋습니다. 방금 이야기한 것처럼 59분에 클릭하면 아직 수강신청 기간이 아니라고 떠서 창을 닫아줘야 하는데요. 크롬에는 '자동 팝업 끄기' 기능이 있어서 팝업을 차단하고 불필요한 클릭을 줄일 수 있어요.

서버에 사람이 많이 몰리다 보면 서버가 터지는 경우가 발생하기도 합니다. 그럴 때 새로고침을 누르면 안 됩니다. 기다리고 있던 대기시간이 초기화돼서 다시 처음부터 대기해야 하는 사태가 발생하거든요.

크롬을 이용한다면 창을 여러 개 띄워놓은 다음에 'alt+tab'과 'ctrl+tab' 키를 이용하면 좋습니다. alt+tab 키를 누르면 새로운 창이 나타나고 ctrl+tab 키를 누르면 새로운 탭이 나타나요. 한 번에 하나를 클릭하고, 창을 바꿔서 또 하나 클릭하고, 또 창을 바꾸는 식으로 하면 좋습니다. 왜냐하면 마우스 내려가는 시간도 아깝거든요. 보통 본인이 선호하는 방법에 따라 alt+tab를 사용하느냐 ctrl+tab를 사용하느냐가 나뉩니다.

연세대 같은 경우에는 마일리지 제도라는 특별한 수강신청이 있습니다. 모든 학생에게 마일리지가 주어지는데 정말 듣고 싶은 과목이나 경쟁률이 높은 과목에 마일리지를 많이 투자하면 성공할 확률이 높아져요.

입학 전 가지고 있던 기대와 로망에 학과생활이 부합하나요?

연세대 언론홍보영상학과에 재학 중인 저희 크리에이터는 중학교 때 토론이라는 것을 접한 뒤 여러 사람을 만나고 사람들 앞에서 말하는 직업을 가져야겠다고 생각해서 아나운서가 되고 싶었어요. 그 뒤에 언론인으로 꿈이 바뀌었고 언론과 방송, 미디어 쪽으로 모든 활동을 해나갔어요.
그런데 학과에 대한 기대와 로망과 실제 학과생활은 좀 다르긴 해요. 전에는 연세대 언론홍보영상학과에 가서 훌륭한 언론인이 되겠다는 포부로 가득했다면 지금은 과거의 포부뿐 아니라 자신이 연대생이라는 사실도 가끔 잊어버린답니다.
로망과 기대라는 게 결국 자신의 관심과 호기심에서 오는 거라고 생각해요. 그런데 대학교라는 곳은 자신이 하고 싶은 활동과 공부를 할 수 있는 기반이 잘 다져져 있고, 그것을 할 자유도 보장되어 있어요. 그렇기 때문에 열정을 가졌다면 여러분이 꿈꾸는 로망과 기대가 좀 다른 방향일지라도 계속해서 충족될 거라고 생각합니다.

대학 단체복에 대해 알고 싶어요

대학에서는 단체복을 맞추는 경우가 많은데요. 수험생이라면 내가 가고 싶은 학교의 단체복을 입는 상상을 하곤 하죠. 단체복에 어떤 종류가 있는지 알아보겠습니다.

가장 일반적인 과잠(야구 점퍼)

과잠은 처음 입학하면 새내기 때 가장 많이 맞추는 일반적인 종류의 야구 점퍼입니다. 일반적이라고 하면 다 똑같을 것 같지만 종류가 다양하고 색상이나 문구 디자인도 다양해요. 등에는 학과, 멋진 문자, 설립연도 등을 새기는데 학과마다 문양을 다르게 박기도 합니다. 등 문양뿐 아니라 어깨 문양도 다르게 박을 수 있어요.

튀는 컬러를 입기 꺼리는 사람이라면 받쳐 입기 좋은 무채색 과잠을 입으면 됩니다. 검은색과 회색으로 된 과잠은 한눈에 봐도 굉장히 무난합니다. 그래서 다른 색상의 옷과 코디하기 편해요. 또 빨간색, 파란색 등의 과잠은 입학하자마자 맞추는데 무채색 과잠은 주로 2학기에 맞추기 때문에 두툼해요.

그 외에 형형색색 다양한 디자인의 과잠이 있어요. 여러 가지 방식으로 과잠을 통해 학과의 정체성을 보여주기 좋기 때문이죠.

사복과 비슷한 코치 재킷

한창 유행하던 코치 재킷을 단체복으로도 입을 수 있습니다. 가슴 부분에 동아리에서 맞춘 문양을 넣고 등에는 동아리 이름을 넣을 수 있어요. 이런 옷은 디자인이나 색깔이 평소에 입는 아우

터와 비슷하기 때문에 편하게 입을 수 있어요. 그리고 두께도 적당해서 환절기에 입기 좋아요.

실용적인 롱패딩

롱패딩은 학과나 동아리에서 많이 맞추는데 실용적이라 좋아요. 역시 등에는 문양이 들어가고 학과 이름이나 동아리 이름이 들어가요. 롱패딩은 근처 슈퍼마켓이나 PC방에 갈 때 한겨울에도 간단하게 입고 위에 걸칠 수 있어서 따뜻하고 편해요.

생각보다 다양한 단체복이 많습니다. 새내기 때 단체복을 맞춰서 입고 단체사진을 찍기도 해요. 단체복을 맞출 때 참고해서 예쁜 단체복을 맞추기 바랍니다.

어떤 동아리를 들어야 할까요?

동아리는 대학의 로망으로 꼽히기도 하지만 동아리에 들어가는 것에는 장단점이 있어요. 학과 친구들과 어울릴 시간과 학업에 투자할 시간이 줄어든다는 점은 단점이 될 수 있습니다. 하지만 고등학교 때에 비해 소속감이 약한 대학생활에서 소속감을 느끼고 친구들이나 선배들을 사귀는 좋은 기회를 마련할 수 있어요. 새로운 사람들을 만나고 이성 친구를 사귀기에 매우 좋은 환경인 거죠.

자신의 관심사에 따라 동아리를 택하자

대학에는 정말 많은 종류의 동아리가 있어요. 보통 광고 동아리, 댄스 동아리, 밴드, 야구 동아리, 친목 동아리, 사진 동아리 등 자기계발이나 취미생활을 하는 동아리가 있는데요. 나의 관심사에 맞춰 동아리를 선택하면 즐거운 취미생활을 누릴 수 있습니다. 취미가 없던 사람이라면 자신의 흥미에 따라 운동 동아리에 들어가는 것도 고려해볼 만합니다.

최근에는 본인의 스펙 향상을 위해 신입생 때부터 학술연구회에 들어가는 친구들도 많은 편이에요. 조금은 진지하고 공부하는 분위기를 원한다면 창업 동아리나 다양한 학술연구회가 있으니 스펙도 쌓을 겸 이러한 동아리를 들어도 좋겠죠.

대학 연합 동아리

여러 대학이 연합으로 구성된 동아리들이 있어요. 다양한 대학의 학생들이 모인 동아리이기 때문에 학교 밖으로 인맥을 넓힐 수 있는 기회죠. 술자리도 많고, 새로운 사람을 사귀기에도 좋습니다.

외향적인 성격이면서 술자리를 좋아한다면 연합 동아리를 추천할 만하다고 생각해요. 최근에는 페이스북이나 대학생 커뮤니티에 모집글이 올라오니까 체크해보세요.

어떤 동아리에 들건, 어떤 대외활동을 하건 중요한 건 내가 어떤 활동을 하고 뭘 얻을 수 있는지가 중요하다고 생각해요. 충실한 동아리 활동을 하면 나중에 취업활동을 할 때 도움이 될 수도 있죠. 내가 관심 있고 즐기면서 할 수 있는 동아리에 들어서 새로운 사람도 많이 만나고 다양한 경험을 쌓을 수 있기를 바랍니다.

저도 장학금 받을 수 있을까요?

대학에 합격한 기쁨도 잠시, 엄청난 등록금 때문에 등골이 휘어 가고 있는 사람들이 많아요. 등골을 펴드리기 위해 대학 공짜로 다니는 방법, 장학금에 때해 말씀드리겠습니다. 장학금은 크게 세 가지로 나뉘는데 국가 장학금, 교내 장학금, 교외 장학금이 있어요.

국가 장학금

국가 장학금에는 I 유형과 II 유형이 있어요. I 유형은 소득수준에 연계해서 제공되는 장학금으로, 경제적 형편이 어려운 학생들에게 지급됩니다. 지원 자격은 일단 국내 대학에 재학 중이고, 소득 기준에 해당하며, 성적 기준도 충족하는 학생입니다.

II 유형은 대학과 연계해 지원하는 장학금입니다. 그렇기 때문에 II 유형에 참여하고 있는 대학에 다니는 학생들만 지원할 수 있습니다. 구체적으로 참여대학은 어딘지, 소득 기준이나 성적 기준은 어떻게 되는지는 한국장학재단 사이트(www.kosaf.go.kr)에서 직접 확인하기 바랍니다.

신청 대상은 신입생, 편입생, 복학생, 재입학생 모두 해당됩니다. 신청은 한국장학재단 사이트에서 온라인으로 할 수 있어요. 그런데 세상에 공짜는 없는 게, 장학금을 신청하는 절차가 꽤 까다롭습니다. 일단 본인 명의로 된 공인인증서가 필요해요. 공인인증서를 받아서 한국장학재단 사이트의 '장학금' 탭을 클릭하고, '신청 가이드'에 들어가면 아주 자세히 나와 있어요.

신청하는 과정이 생각보다 길긴 하지만 신청 가이드를 보면 로그인부터 신청까지 세세히 설명되어 있습니다. 꼼꼼하게 살펴보고 자격요건에 해당하는 친구들은 꼭 신청하길 바랍니다.

교내 장학금

교내 장학금은 굉장히 다양하다는 특징이 있습니다. 학교마다 장학금 종류가 다르고 학교 내에서도 다양한 장학금이 있어요. 그렇기 때문에 본인의 학교 홈페이지에 꼭 들어가서 확인해보기 바랍니다.

연세대 같은 경우 학교 홈페이지(www.yonsei.ac.kr)에 들어가서 '학사지원' 탭에서 '장학금'에 들어가면 현재 모집 중이거나 모집 예정인 장학금 목록이 있습니다. 고려대의 경우에는 학교 홈페이지(www.korea.ac.kr)에 들어가서 '대학생활'이라는 탭을 클릭하고 '등록/장학/학적'에 들어가면 '장학금 안내' 항목이 있습니다.

연세대나 고려대가 아니어도 꼭 대학 포털사이트를 참고하기 바랍니다.

교외 장학금

교외 장학금은 학교가 아닌 타기관에서 제공하는 장학금입니다. 국가기관이나 대기업 혹은 잘 모르는 곳에서 주는 장학금도 있는데요. 이런 장학금 정보는 학교 홈페이지에 주로 올라옵니다. 학교 홈페이지 외에도 다양한 장학금 정보를 주는 사이트가 많아요. 그중에 하나가 '드림스폰(www.dreamspon.com)'이라는 사이트인데요. 이 사이트에 들어가면 지원하는 방법, 지원 자격, 모집

대상 같은 게 정말 자세히 나와 있어요. 처음 보는 재단도 굉장히 많습니다. 그러므로 부지런하게 다양한 사이트에서 장학금 정보를 찾아보기 바랍니다.

이런 장학금 역시 소득 기준이나 성적 기준이 있는 경우가 많습니다. 그리고 특수한 장학금 중에는 정책 제안서 같은 걸 써 내야 하는 것도 있어요. 그러니까 잘 살펴보고 본인의 조건과 맞는 장학금을 찾는 게 좋습니다.

무엇보다 중요한 건 적극적으로 정보를 찾아보는 자세입니다. 고등학교 때와 달리 아무도 정보를 주지 않아요. 본인이 필요하면 스스로 찾아보는 게 가장 좋습니다. 대학생들의 특권이라고도 할 수 있는 장학금을 잘 활용해서 알뜰살뜰하게 대학을 다니길 바랍니다.

대학 가면 한 달 생활비 얼마나 드나요?

tip

연고티비 크리에이터들의 12월 생활비를 통해 대학생이 한 달에 얼마나 쓰는지 알아보겠습니다.

연대, 송도 기숙사 거주 : 총 669,830원을 썼습니다. 식비 70%, 교통비 5%를 사용했습니다. 송도 기숙사에 살다가 12월 말에 신촌에서 자취하기 시작했는데요. 아무래도 신촌으로 온 뒤에 씀씀이가 좀 커졌습니다.
고대, 대치동 거주 : 총 472,670원을 썼습니다. 안암으로 통학을 하다 보니 기숙사에 사는 학생들보다 돈을 좀 많이 쓰는 것 같아요. 식비에 67%를 쓰고 방탈출에 15%나 썼네요. 집에서 용돈을 50만 원 받고 알바를 해서 총 75만 원 정도를 받는데 알바비는 일단 저금해놓고 필요할 때 빼서 써요.
고대, 고대 기숙사 거주 : 총 477,714원을 썼습니다. 식비는 68% 썼는데 시험 기간이라 학교 근처에서 밥 먹은 것 외에는 별로 쓴 게 없네요. 시험 기간이 아닐 때는 70~80만 원 정도 쓰고 시험 기간일 때는 50만 원 정도만 나가요.

대학에 오면 사실 내가 쓰는 줄도 모르고 돈을 쓰게 돼요. 돈이 어느새 새어나가고 잔액을 보면 눈물이 나죠. 저희 소비를 참고해서 좀 더 합리적인 소비를 계획하기 바랍니다.

연고대의 교환학생 제도에는 어떤 게 있나요?

교환학생이란 학생교환 협정이 체결된 외국대학에서 한두 학기 정도 공부하며 취득한 학점을 인정받을 수 있는 제도예요. 그 나라의 언어나 문화를 배우고 경험하면서 식견을 넓힐 수 있는 아주 좋은 기회죠. 유학을 생각한다면 미리 경험하며 정보를 얻을 수 있을 것이고, 취업을 할 때도 좋은 이력이 될 겁니다. 연세대와 고려대의 교환학생 제도를 알아볼게요.

연세대학교

[교환학생제도] 한 학기 또는 두 학기 동안 파견되어 학업을 한 뒤 돌아와 본교에서 학점을 인정받는 제도입니다. 학비는 본교에 납부하고, 수업은 파견대학에서 들으면서 그곳의 학생들과 동일한 자격으로 학교생활을 할 수 있어요.

연세대는 2016년 기준으로 70개국 600여 개 대학과 학생교환 협정이 체결되어 있어요. 2018년에는 약 1,000명의 학생이 교환학생 자격으로 해외대학에 파견되었다고 합니다.

국제처의 공식 교환학생 프로그램을 통해서 지원할 수 있습니다.

[방문학생제도] 방문학생제도 역시 일정 기간 동안 외국대학에 파견되어 학기와 학점을 인정받는데요. 교환학생제도의 경우에는 본교와 파견대학과의 학생교환 수가 균형을 이룰 때 가능한 반면 방문학생제도는 한 학교에 많은 학생이 파견될 수 있기 때문에 지원 기회가 확대되었다고 볼 수 있어요.

방문학생제도의 경우 본교와 파견대학 두 곳에 모두 수업료를 납부하고 등록해야 합니다. 그렇지만 본교 등록금의 일부는 장학금으로 지급하고 파견 대학에는 일반 학생보다 저렴한 수업료를 납부하기 때문에 효율적이에요.

(단, 의과대학/치과대학/간호대학/대학원 소속은 방문학생 지원불가)

지원자격과 절차 등 더 자세한 정보는 연세대학교 국제처 사이트에서 확인할 수 있습니다.

연세대학교 국제처 사이트(oia.yonsei.ac.kr)

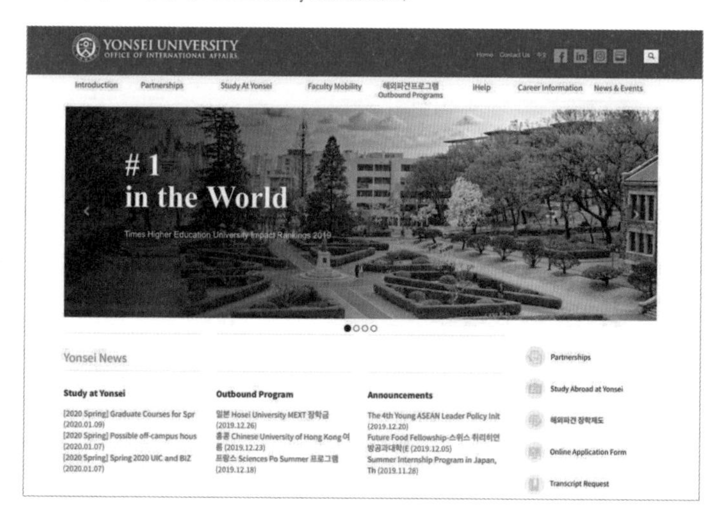

고려대학교

[교환학생(SEP) 프로그램] 본교와 협정을 맺고 있는 대학과의 학생 교류입니다. 본교는 교환교가 요구하는 자격을 갖춘 자를 교환학생으로 선발하고, 추천된 교환학생에 대한 입학 허가 여부는 교환교에서 결정합니다. 교환학생으로 선정되면 본교에만 등록금을 납부하고, 교환교에서 이수한 학점을 인정받을 수 있어

요. 비용과 시간을 절약하면서 외국에서 공부할 수 있는 기회입니다. 교환학생은 매년 1월말~2월초와 7월말~8월초, 연 2회 선발합니다.

[ISEP] ISEP는 International Student Exchange Program의 약자예요. 1979년 창립된 다자간 국제교환학생 프로그램으로 전 세계 56개국에 300개 이상의 회원교로 이루어져 있는데, 고려대는 ISEP 프로그램의 회원교입니다.

ISEP 파견 학생 선발기준과 과정은 교환학생과 동일합니다. 학비를 모교에 내고 수업을 교환교에서 듣는 교환학생 프로그램과 똑같아요. 다만 파견교에서의 숙소와 식비는 ISEP을 통해 제공되므로 참여 기간에 상응하는 비용을 본교에 납부해야 합니다. 본교에 납부하는 금액은 고려대에서 정한 금액이기 때문에 일반 교환학생에 비해 비용이 절약될 수 있습니다.

지원요건과 선발절차 등 더 자세한 정보는 고려대학교 국제처 사이트에서 확인할 수 있습니다.

고려대학교 국제처 사이트(studyabroad.korea.ac.kr)

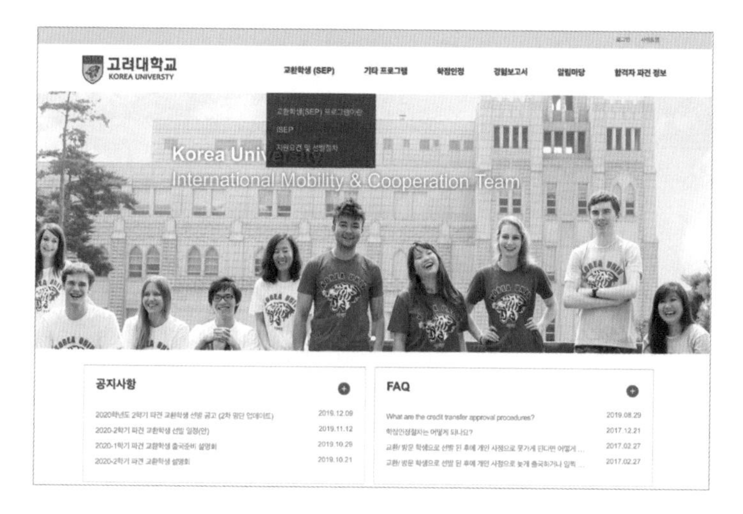

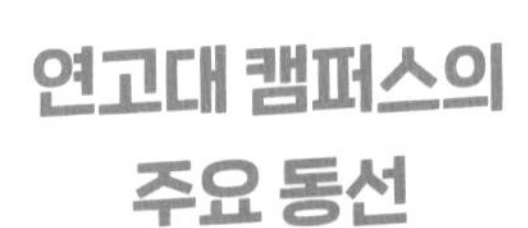

연고대 캠퍼스의 주요 동선

연고대 캠퍼스가 궁금하다고요? 큰 캠퍼스 안에서 어떻게 다녀야 할까요? 캠퍼스를 누빌 그날을 그리면서 연세대와 고려대의 주요 동선을 알아볼게요. 다만 학과에 따라 동선은 상이하기 때문에 다음 내용이 반드시 정답은 아니니 참고만 해주세요.

연세대학교

[이공계] 공학관은 A, B, C, D 총 4개의 건물을 사용하는데요. 4개의 건물이 통로를 통해 연결되어 있어요. 그렇기 때문에 그 통로를 잘 파악하고 있으면 굳이 1층으로 나가서 다른 건물로 가지 않고도 이동할 수 있습니다.

[문과대] 외솔관-교육과학관-위당관 동선은 '죽음의 언덕 트리오'라고 불립니다. 이 동선이 너무 힘들 때 사용할 수 있는 방법은 다음과 같아요.

- 외솔관 4.5층(반층)은 교육과학관과 연결되기 때문에, 외솔관까지만 가면 엘리베이터를 이용해서 교육과학관으로 갈 수 있습니다.

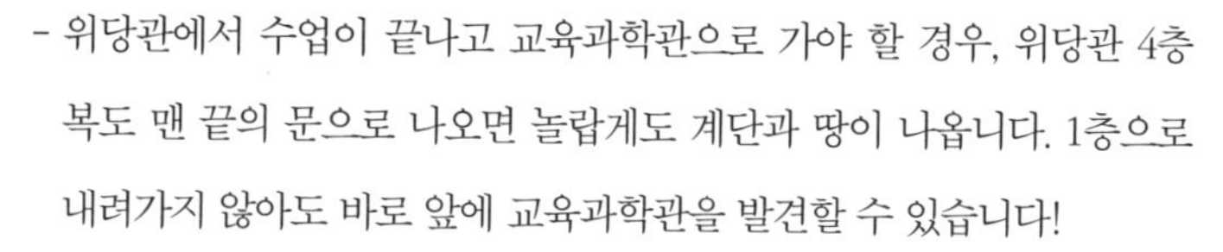

- 위당관에서 수업이 끝나고 교육과학관으로 가야 할 경우, 위당관 4층 복도 맨 끝의 문으로 나오면 놀랍게도 계단과 땅이 나옵니다. 1층으로 내려가지 않아도 바로 앞에 교육과학관을 발견할 수 있습니다!

[그 외의 동선] 그 외의 동선을 알아볼게요.

- **상경대**: 대우관을 주로 이용하는데, 연세대학교 정문에서 봤을 때 대우관보다 인근 서강대학교가 더 가깝게 보일 정도로 멀리 위치해 있습니다.
- **국제대**: 새천년관을 주로 이용하는데, 대우관은 눈으로 보이기라도 하지만 새천년관은 산 속에 있어서 보이지도 않는다고 해요. 셔틀버스가 주 교통수단입니다.

👍 자취방 구할 때 참고할 만한 전공별 주요 동선

- **이과대, 자연과학대, 공과대학**: 무조건 서문. 서문 앞 식당가에서 과학관까지 1분 내로 도착 가능합니다.
- **국제대, 의대, 음대**: 언덕에 위치하고 있어 어디든 멀지만 그나마 물리적으로 동문이 가깝습니다.
- **상경대**: 어디든 멀지만, 북문에서 셔틀버스를 이용하는 게 용이합니다.

한성화교
고등학교
C 북문
봉원
연희초등학교
서울
외국인학교
3 상경대
대우관
죽음의 언덕 트리오
청경관
위당관
2 문과대
교육과학관
외솔관
연세대학교
신촌캠퍼스
4 국제대
새천년관
B 동문
언더우드
기념관
신학관
전파천문대
미우관
백양관
A 서문
과학관
중앙도서관
음악관 B
학생회관
1 이공계
대운동장
제2공학관
제1공학관
제4공학관
신촌
세브란스병원
제3공학관
이화여자대학교
야구장
이화여대학
부속초등학교
하나의 통로로 연결
정문
신촌역
2
경의중앙선

[연세대학교 신촌캠퍼스]

지름길

① **이공계**: 4개의 건물이 연결되어 있어 통로를 잘 파악하면 굳이 밖으로 나가지 않아도 이동할 수 있다.

② **문과대**: 외솔관-교육과학관-위당관 동선은 '죽음의 언덕 트리오'라고 불린다. 이 동선이 너무 힘들 때 사용할 수 있는 방법.

- 외솔관 4.5층(반층)에서 교육과학관으로 갈 수 있다.
- 위당관 4층 복도 맨 끝의 문으로 나오면 바로 앞에 교육과학관이 있다.

③ **상경대**: 대우관을 주로 이용.

④ **국제대**: 새천년관을 주로 이용. 셔틀버스가 주 교통수단.

자취방 주요 동선

[A] **서문**: 이과대, 자연과학대, 공과대학

[B] **동문**: 국제대, 의대, 음대

[C] **북문**: 상경대

고려대학교

[사범대] 고려대 캠퍼스는 안암역, 고려대역 2개 역에 걸쳐 있는데요. 사범대는 엄밀히 따지면 고려대역과 가깝지만 캠퍼스 맨 안쪽에 있어 언덕이 있고 거리도 꽤나 먼 편이에요. 고려대역에서 사범대까지 최대한 걷지 않고 가는 법은 아래와 같습니다.

① 고려대역에서 하차합니다.

② '라이시움'이라는 건물로 들어가 3층에서 내립니다.

③ 3층에서 이어진 통로를 통해 '엘지 포스코 경영관'으로 들어갑니다.

④ '엘지 포스코 경영관'에서 엘리베이터를 타고 4층으로 갑니다.

(이때 라이시움 3층=엘지 포스코 경영관 2층입니다.)

⑤ 이어진 통로를 찾아 '엘지 포스코 경영관'에서 '경영대 본관'으로 들어갑니다.

⑥ '경영대 본관'에서 한 층 내려간다면 바로 중앙도서관과 사범대가 나옵니다!

[이공 캠퍼스] 높은 계단을 오르지 않고 미래융합기술관으로 가는 방법이 있어요. 과학도서관-하나스퀘어(지하시설)-과학도서관-애기능 생활관으로 연결되는 길을 이용합니다.

[미디어학부] 미디어학부는 기본적으로 역세권(안암역에서 제일 가까움)이기 때문에 지름길이 필요없지만 단 몇 초라도 아끼기 위해서는 다음과 같은 방법이 있어요.

- 정경대 후문으로 들어가서 길을 따라 걸으면 1층이 아닌 2층으로 바로 들어갈 수 있습니다.
- 안암역 2번 출구로 나와 직진하다 보면 파이빌(고려대학교 개척마을) 옆 샛길이 있어 거기를 통해서도 2층으로 바로 들어갈 수 있습니다.
- 미디어관과 교양관이 이어져 있어 교양관을 가고자 하는 학생들은 미디어관 1층으로 먼저 들어가는 게 더 빠릅니다.

자취방 구할 때 참고할 만한 전공별 주요 동선

- **정치외교학과, 미디어학부**: 정경대 후문(줄여서 '정후'라고 부름)
- **경영대**: 고려대 정문
- **사범대**: 법대 후문(줄여서 '법후'라고 부름)
- **공과대**: 안암 오거리
- **생명대, 이과대**: 안암에서 보문 가는 길목

(※고려대는 문과대와 이공대 캠퍼스가 사거리로 나뉘어 있습니다.)

화정체육관
외국인기숙사
종암중학교
C 법대 후문
1 사범대
녹지운동장
여학생기숙사
사범대 지름
사범대학 본관
법학관 신관
중앙도서관
고려대역
법학관 구관
경영 본관
여학생기숙사
라이시움
대학원
LG-POSCO 경영관
고려대학교 서울캠퍼스
100주년기념 삼성관
용문중학교
의과대학본관
중앙광장
문과대학
3 미디어학부
B 정문
용문고등학교
A 정경대 후문
미디어관 1층과 교양관 연결
정경대학
고려대학교의료원 안암병원
교양관
학생회관
E 안암-보문 길목
파이빌
미디어관
고대앞사거리
안암역
2 이공 캠퍼스
하나스퀘어
미래융합 기술관
과학도서관
애기능 생활관
이공 캠퍼스 지름길
산화관
공학관
고려대학교 서울캠퍼스
안암골벽산 아파트
D 안암 오거리
종암초등학교

[고려대학교 서울캠퍼스]

지름길

① **사범대**

고려대역에서 하차 → 라이시움 3층 → 엘지 포스코 경영관 4층 → 경영대 본관 → 한 층 내려가면 중앙도서관과 사범대

② **이공 캠퍼스**

과학도서관-하나스퀘어(지하시설)-과학도서관-애기능 생활관

③ **미디어학부**

- 정경대 후문으로 들어가면 1층이 아닌 2층으로 바로 들어갈 수 있다.
- 안암역 2번 출구로 나와 직진하면 파이빌 옆 샛길을 통해 2층으로 바로 들어갈 수 있다.
- 미디어관과 교양관이 이어져 있어 교양관에 가려면 미디어관 1층으로 들어가는 게 빠르다.

자취방 주요 동선

[A] **정경대 후문**: 정치외교학과, 미디어학부

[B] **고려대 정문**: 경영대

[C] **법대 후문**: 사범대

[D] **안암 오거리**: 공과대

[E] **안암 – 보문 길목**: 생명대, 이과대

INDEX

연고티비
공부법

초판 1쇄 발행 2020년 1월 21일
초판 7쇄 발행 2024년 5월 3일

지은이 유니브
펴낸이 최순영

출판1 본부장 한수미
와이즈 팀장 장보라
디자인 ALL designgroup

펴낸곳 ㈜위즈덤하우스 **출판등록** 2000년 5월 23일 제13-1071호
주소 서울특별시 마포구 양화로 19 합정오피스빌딩 17층
전화 02) 2179-5600 **홈페이지** www.wisdomhouse.co.kr

ⓒ 유니브, 2020

ISBN 979-11-90427-76-0 (03370)

· 이 책의 전부 또는 일부 내용을 재사용하려면 반드시 사전에 저작권자와 ㈜위즈덤하우스의 동의를 받아야 합니다.
· 인쇄·제작 및 유통상의 파본 도서는 구입하신 서점에서 바꿔드립니다.
· 책값은 뒤표지에 있습니다.